# LA SANTITÀ LEGALE DEL SETTIMO INFERNO!
## IL CUCÙ MORTALE NEI NIDI NAZIONALI

*QUESTO SEGUE DAL MIO FRIVOLO SETTIMO CIELO *** ↓*

## LA SANTITÀ LEGALE DEL SETTIMO CIELO!
## CUCKOOING E CUCKOLDING COMPAGNI DI LETTO MATRIMONIALI!

Parte 7? SETTE è la parola operativa nel seguente contesto: - Ci sarà UN SETTIMO PARADISO PER QUALCUNO O ALTRO?

MA ORA PASSIAMO ALLE COSE SERE!!!

SEZIONE 3 (Il futuro)      *** ↓

UNA STORIA PIÙ SERIA

.................

*SEZIONE 3a L'inquietante passato lontano che ci dà tutte le preoccupazioni serie!?*

*SEZIONE 3b – Preoccupazioni attuali del Regno Unito/Euro*

*SEZIONE 3c – Problemi di rottura delle cuciture nel Regno Unito*

*SEZIONE 3d – Preoccupazioni insegnate dall'interpretazione storica allora e oggi*

*SEZIONE 3e – Preoccupazioni comuni degli ebrei e dei musulmani, facilmente dimenticabili o semplicemente ignorate*

*SEZIONE 3f – L'opportunità politica ha sempre fallito come decisori*

**Non restare mai a pulire dopo di loro!**

.................

*In the United Kingdom we have a saying, 'pidgin English', which is a grammatically simplified means of communication that develops between two or more groups of people that do not have a language in common: typically, its vocabulary and grammar are limited and often drawn from several languages.*

The Italian for which, I hope is...

**Nel Regno Unito esiste un detto, il 'pidgin English', che è un mezzo di comunicazione grammaticalmente semplificato che si sviluppa tra due o più gruppi di persone che non hanno una lingua in comune: tipicamente, il suo vocabolario e la grammatica sono limitati e spesso tratti da più lingue.**

*And so I hope you will enjoy your Italian ride along with my 'Legal Sanctity of Marriage Series of Books!*

*Now at Part 7 Stage(s) *** ↑*

**E quindi spero che apprezzerai il tuo viaggio in Italia insieme alla mia serie di libri sulla santità legale del matrimonio!**

**Ora alla Parte 7 Fasi...***↑**

MA PRIMA, ALCUNE COSE DI CUI PREOCCUPARSI

ANCORA E ANCORA

**MA LE COSE DEGNE DI NOTA CONTINUANO A CATTURARE L'OCCHIO DELL'INVESTIGATORE!**

*OVUNQUE GUARDI, TUTTO CIÒ CHE VEDO È CHE IL MONDO BEN ORDINATO DI "UNA VOLTA" (WOW) È REGREDITO NELL'ONDATA INCONTROLLATA E INCONTROLLABILE, CADENDO NELLE MANI INAFFIDABILI DI COLORO CHE SI IMPOSSESSANO E DISTRUGGONO IL MODO CORRETTO DI VIVERE IN MODO ARMONIOSO LA VITA IN PIENEZZA, PER LO SGOMENTO DI COLORO CHE CREDONO CHE L'UNICA VIA SIA ATTRAVERSO LE MANI AFFIDABILI DI CREATORI E CREATORI E, ANCOR PIÙ PROBABILMENTE, DEI CERVELLI DELLA SOCIETÀ, SENZA I QUALI NON POSSIAMO PROGREDIRE EFFICACEMENTE!*

MA CHE SIA IN QUALCUNA, O PROBABILMENTE IN TUTTE LE MIE PUBBLICAZIONI: "SHOESTRING V THE UK - THE BABY P APPEAL CASE", O "IT HURTS, MUMMY!" FA MALE ALLA MAMMA!' O 'ALLORA, COSA C'È DI ANORMALE?' O LIBRI 1 E 2 DEL MIO 'L'ANTROPOLOGIA SESSUALE DELL'HOMO SAPIENS?', O 'LA SACRALITÀ GIURIDICA DEL MATRIMONIO - PARTE 9: UN ARTIFICIALE COSÌ PERFETTO UNIONE SESSUALE?!' O INFINE, MA NON PER QUESTO MENO IMPORTANTE, 'I RICCHI E POTENTI NON SE NE FREGANO!' CHE INCLUDE ANCHE QUEL GRUPPO DI ODIO FEMMINILE BRUTALE, MALVAGIO E SADICO SPOSARE E PRENDERE O PICCHIARE E PRENDERE O SEMPLICEMENTE STUPRARE PER OTTENERE IL LORO PIACERE EGOCENTRICO A QUALE COSTO PER LA DONNA MALTRATTATA FERITA SIA FISICAMENTE CHE PROBABILMENTE MENTALMENTE PER SEMPRE, GIACENDO BRUTALIZZATA DAVANTI AL COMPIACIUTO CONQUISTATORE SOLO DALLA FORZA VIOLENTA DELL'AUTORE(I).

*MA LE PERSONE NON DOVREBBERO NEMMENO DIMENTICARE IL RAGAZZO MASCHIO, DI SOLITO NERO, MA LA STORIA MOSTRA CHE LO STESSO SI È REPLICATO IN MOLTE RAZZE E SOCIETÀ DIVERSE, COME ORA, IL RAGAZZO CHE VIENE EDUCATO FIN DALLA TENERA ETÀ A COMMETTERE CRIMINI IN FASI SEMPRE PIÙ VIOLENTE DOVE L'OMICIDIO A 14 ANNI È QUALCOSA CHE PENSANO SIA IL MODO CORRETTO DI VIVERE LA VITA FUTURA CHE HANNO LASCIATO IN LORO FINCHÉ A QUALCHE ALTRO QUATTORDICENNE NON VIENE ORDINATO DI UCCIDERE L'ALTRO IN UN ATTO DI RAPPRESAGLIA! (VEDI ANCHE LA MIA "PLAIN JANE GUINNESS & I ONCE...TRILOGY").*

*LA DECENZA E IL RISPETTO HANNO PERSO QUELL'IMPORTANTE VANTAGGIO SOCIALE CHE AVEVANO RISPETTO ALL'INDECENZA E ALLA MANCANZA DI RISPETTO E TUTTO CIÒ CHE ABBIAMO ORA È IGNORARE LA LEGGE E L'ORDINE POICHÉ LA SOCIETÀ STA DIVENTANDO UN MONDO PRESO CON LA FORZA IN CUI VIVIAMO, QUALUNQUE SIA LA PARTE IN CUI ABITIAMO!*

*E SONO SEMPRE I BAMBINI E LE DONNE A SOFFRIRE DI PIÙ POICHÉ SONO SEMPRE IL FORAGGIO INDIFESO DEL MASCHIO ANZIANO, DI QUALUNQUE TIPO TU VOGLIA NOMINARE!*


*E COSÌ UN (UN)-HAPPY TYPE MYA 2025 CAPODANNO –*
*O E' DIVERSO DA QUELLI PRECEDENTI?*
*E ANDRÀ MAI MEGLIO?*
*O LA CATTIVITA' SARÀ LA NORMA IN TUTTO IL MONDO E DOVREMMO UCCIDERE COME VOI PER FAVORE GIORNI DI "PURGATEVI"!?*

*OH, VEDO CHE L'IRAN E LO STATO ISLAMICO HANNO GIUSTIZIATO ALTRE DOZZINE DI DONNE PER AVER TENTATO DI ESERCITARE QUELLO CHE È UN LORO DIRITTO NELLA CIVILTÀ OCCIDENTALE E SFUGGIRE AL GIOGO SOFFOCANTE DEL MASCHIO DOMINANTE ORIENTALE!*
*MA PURTROPPO IL RESTO DEL MONDO STA SEGUENDO L'ESEMPIO CON LA PROPRIA FORMA DI APPLICAZIONE DEI DIRITTI FEMMINILI DA PARTE DI PIÙ BANDE DI ADESCAMENTO E DI APPLICAZIONE DELLA SCHIAVITÙ: SEMBRA CHE NESSUN LUOGO SIA AL SICURO DALLA BRUTALITÀ!*
*ANCHE IN QUESTO CASO, FORSE, I NOSTRI LEGISLATORI E LE NOSTRE FORZE DELL'ORDINE PREOCCUPATI RIUSCIRANNO A PREVENIRLO CON SUCCESSO.*
*MA COSA ACCADREBBE SE COLORO CHE DETENGONO IL POTERE POLITICO FOSSERO LA MAGGIORANZA ELETTA NEL CORSO DEI SECOLI DA EX ABITANTI DI LUOGHI COME L'IRAN, ECC., DOVE L'ATTEGGIAMENTO NEI CONFRONTI DELLA DONNA NON È DI UGUAGLIANZA MASCHILE?*

.............

**LE AUTORITÀ NIGERIANE ANTI-TRAFFICO DI ESSERI UMANI AFFERMANO DI AVER ARRESTATO CHRISTIANA UADIALE, OGGETTO DELL'INDAGINE 2023 TRAFFICKING INC. DELL'ICIJ, ALL'AEROPORTO INTERNAZIONALE NNAMDI AZIKIWE, ABUJA, MARTEDÌ, VIGILIA DI CAPODANNO.**
**UADIALE, CONOSCIUTA ANCHE COME "CHRISTY GOLD", È STATA ARRESTATA DOPO CHE UN'ALTA CORTE FEDERALE DELLA NIGERIA L'HA CONDANNATA IN CONTUMACIA IL 21 MARZO CON L'ACCUSA DI TRAFFICO DI ESSERI UMANI.**
**L'ORO È EMERSO COME UNA FIGURA CHIAVE IN UN'INDAGINE DEL GIUGNO 2023 CONDOTTA DA ICIJ E REUTERS, CHE HA IDENTIFICATO GLI EMIRATI ARABI UNITI COME UNA DELLE PRINCIPALI DESTINAZIONI DEL TRAFFICO SESSUALE. I DOCUMENTI DEL TRIBUNALE E LE INTERVISTE CON FUNZIONARI, SOPRAVVISSUTI E ATTIVISTI HANNO RIVELATO COME LE RETI CRIMINALI ABBIANO ATTIRATO LE DONNE AFRICANE NELLA SCHIAVITÙ SESSUALE, COSTRINGENDOLE IMPONENDO DEBITI SCHIACCIANTI (UNA TATTICA/STRATAGEMMA COMUNE ADOTTATA DA TUTTI IN QUEL COMMERCIO**

***ILLEGALE) E SFRUTTANDO LE LORO CONVINZIONI SPIRITUALI. LA RELIGIONE SEGUITA HA MOLTO DI CUI RISPONDERE!)***

...............

*INOLTRE, UN NUOVO RAPPORTO DEL THE GUARDIAN HA SCOPERTO CHE IL COLOSSO DELLA VENDITA AL DETTAGLIO AMAZON DEVE ANCORA RISARCIRE DECINE DI LAVORATORI MIGRANTI COSTRETTI A PAGARE INGENTI COMMISSIONI DI ASSUNZIONE PER ASSICURARSI POSTI DI LAVORO NEI SUOI MAGAZZINI IN ARABIA SAUDITA, MENTRE I LORO DIPENDENTI TROVANO I LORO FAMILIARI A CARICO IN CODA PER IL PANE IN ATTESA FONDI!*

........

*STOP STAMPA AGGIORNAMENTO: - CINQUANTASEI PERSONE SONO MORTE E PIÙ DI 100 SONO RIMASTE FERITE QUANDO UN CAMION CHE TRASPORTAVA MIGRANTI SI È RIBALTATO SU UN'AUTOSTRADA MESSICANA NEL 2021.*

*ALL'INIZIO DELL'ANNO SCORSO, NEL TERZO ANNIVERSARIO DELL'INCIDENTE, LE AUTORITÀ DEL GUATEMALA E DEGLI STATI UNITI HANNO ARRESTATO SEI PERSONE CON L'ACCUSA DI TRAFFICO DI ESSERI UMANI. CINQUE SONO STATI ARRESTATI IN GUATEMALA E UNO IN TEXAS.*

*GLI STATI UNITI HANNO ANCHE ESTRADATO PRESIDENTI E ALTRI FUNZIONARI DI ALTO RANGO LEGATI A CASI DI TRAFFICO DI DROGA E CORRUZIONE. I CARTELLI SI SONO ESTESI ANCHE AL TRAFFICO DI ESSERI UMANI, CHE È DIVENTATO UN BUSINESS MULTIMILIARDARIO DI DOLLARI/STERLINE/EURO. NEGLI ULTIMI ANNI, ALCUNI HANNO PRESO IL CONTROLLO DELLE OPERAZIONI DI CONTRABBANDO CHE IN PRECEDENZA ERANO CONTROLLATE DA UNA RETE DI CONTRABBANDIERI CHIAMATA COYOTE O POLLEROS.*

*CON COSÌ TANTO DA GUADAGNARE DALLA CONTINUA ESISTENZA DI UN COMMERCIO (GLOBALE) COSÌ REDDITIZIO, QUALI POSSIBILITÀ HANNO DI REAGIRE COSÌ TANTI GOVERNI NON UNITI (? DEBOLE?)?*

..............

*COME PREVEDUTO IL COLONNELLO GHEDDAFI, IL MONDO OCCIDENTALE SARÀ VULNERABILE ALL'ATTACCO NON VIOLENTO TRAMITE LE Urne elettorali! UN ESEMPIO È... PARLARE CONTRO LA MAGGIORANZA MUSULMANA O PER IL LORO NEMICO GIURATO NELLA TUA ZONA E PERDERE IL TUO SEDE PARLAMENTARE SICURO COME È ACCADUTO ALL'OMBRA PAYMASTER GENERALE DEL REGNO UNITO, LA CUI MAGGIORANZA DI 22.000 FU ROVESCIATA DAL CANDIDATO MUSULMANO INDIPENDENTE! QUESTA*

*PERDITA CATASTROFICA SI RIFLETTE A BIRMINGHAM PERRY BARR 15000 MAGGIORANZA INVERTITA; DEWSBURY E BATLEY 14000 MAGGIORANZA INVERSA; BLACKBURN A 18000 MAGGIORANZA INVERTITA. IL CAMBIAMENTO DI GHEDDAFI STA ARRIVANDO!*

*UN SEMPLICE ESEMPIO IN CUI LA POLITICA DI INTEGRAZIONE CAMPIONATA HA FATTO BLOCCARE IN QUANTO NON HA CREATO DIVERSITÀ NELLE COMUNITÀ MA INVECE GRANDI TASCHE NELLE PROSSIME PROSSIMITÀ DELLO STESSO GRUPPO ETNICO LA CUI IDEOLOGIA NON CORRISPONDEVA A QUELLA DEGLI ABITANTI DEL PAESE IN CUI SI SEDISCONO!*

*E SONO SEMPRE LE AREE URBANE E NON RURALI PERCHÉ, OSSO DIRE, QUELLO È (ANCORA?) IL DOMINIO BIANCO DEI BENEFICI GENTRIFICATI!?*

*MENTRE VEDONO CHE LE AREE URBANE INTORNO A LORO DIVENTANO TASCABILI CON GRUPPI SEMPRE PIÙ GRANDI E SEMPRE PIÙ GRANDI DI RESIDENTI NEL REGNO UNITO NON ORIGINARI - UNA GIUSTA PROPORZIONE CHE POTREBBE NON CONTRIBUIRE IN MODO EFFICACE ALL'ECONOMIA E O SANGUINIZZARLA O CRIMINALIZZARLA!*

**DOPO TANTO TEMPO QUANTE ZONE DIVENTERANNO ESCLUSIVAMENTE ASIATICHE POICHÉ IL POTERE DI VOTO POTREBBE DETERMINARE LA CITTÀ CHE ORA NON ERA PIÙ RICONOSCIBILE?**

**COSA RISERVA IL FUTURO AL CITTADINO SEMPLICE E ORDINARIO.**

**LA RISPOSTA È SEMPLICEMENTE CHE IL CUCÙ PIÙ INGIUSTO DEL MONDO STA ORA CONTINUANDO A GETTARE VIA TUTTA LA NOSTRA LEGGE ORGANIZZATA E L'ORDINE DEI NIDO DI UOVA FINO ALLA LORO DISTRUZIONE E MORTE ULTIMA.**

**LA CRIMINALITÀ ORDINARIA E IL SUO GRANDE FRATELLO CRIMINALE, LA CRIMINALITÀ VIOLENTA SONO NELLA LORO SPIRALE VERSO LA DISTRUZIONE FINALE DI TUTTI COLORO CHE OSA METTERSI SULLA LORO STRADA!**

**POICHÉ IL NUMERO DI CRIMINALI VIOLENTI E/O ARMATI SUPERA DI MOLTO QUELLO DEI LORO AVVERSARI DELLA POLIZIA, LE CUI MANI SEMBRANO LEGATE DIETRO LA SCHIENA. E COSÌ LE FORZE DELL'ORDINE SEMBRANO NON ESSERE IN GRADO DI ARRESTARE IL MARE VIOLENTO DELL'OPPOSIZIONE VIOLENTA ASIATICA + ALTRI!**

**UNISCITI O MORIRE È IL GRIDO ATTUALE IN MOLTE SOCIETÀ DISINTEGRATE NELLA MAGGIOR PARTE DEI NOSTRI CONTINENTI!**

*QUESTO NON È STATO AIUTATO DAL PROCESSO LEGISLATIVO NELL'UE, CHE SCONFIGGE IL PROPRIO PROCESSO DI ESPULSIONE LEGALE E IL SUO AMPIO SISTEMA DI RICORSO IN CUI A SPECIFICHE PERSONE DIFFICILI VIENE*

**LE GUERRE DI INVIDIA SONO CREATE PER UN CAPRICCIO, IL CHE SIGNIFICA CHE MIGLIAIA DI CADAVERI SU MIGLIAIA DI CADAVERI ORA FIANCHEGGIANO LE STRADE DELL'UOMO COMUNE CHE NON AVEVA VOCE IN CAPITOLO SULLA VITA, ORA LA MORTE SU DI LUI!?**

**QUINDI QUANTO SOPRA MESSO IN BREVE VIENE AMPLIATO IN UNA O DUE BOMBE ESPLOSE**

**E COME LA CORRENTE BOMBARDATA PUO' ATTESTARLO!**

***PPS Hai sentito parlare di > Progetto di segnalazione di criminalità organizzata e corruzione (occrp.org)?***

***Cercateli per altre rivelazioni future!***

......................

Vorrei solo iniziare con qualcosa che ritengo possa avere un impatto sul numero di ostaggi negli attuali combattimenti a Gaza...

Presentandovi il

Studi islamici: verso la comprensione del Corano

Testo: Sura An-Nisa 4:23-24 [4/24]

Sembra che permangano molti malintesi sul diritto ad avere rapporti sessuali con le proprie schiave. È opportuno richiamare l'attenzione sulle seguenti norme dell'Islam:

Non consente ai soldati dell'Esercito islamico di avere rapporti sessuali con donne catturate in guerra.

La legge islamica prevede che queste donne vengano prima consegnate al governo, che poi ha il diritto di decidere cosa si deve fare di loro.

Può liberarli incondizionatamente, rilasciarli dietro pagamento di un riscatto, scambiarli con prigionieri di guerra musulmani detenuti dal nemico o distribuirli tra i soldati.

Un soldato può avere rapporti sessuali solo con quella donna che gli è stata affidata dal governo – chiunque possa essere durante questo attacco orchestrato da Hamas contro Israele?

Ma inoltre: solo la persona a cui è stata affidata una prigioniera ha il diritto di avere rapporti sessuali con lei.

Ogni figlio che le nascerà sarà considerato figlio legittimo del suo padrone, e avrà tutti i diritti previsti dalla Legge per la propria discendenza.

Inoltre, una volta che tale donna ha dato alla luce un figlio non può essere venduta a nessuno, e alla morte del suo padrone diventa automaticamente una persona libera.

Ma, presumibilmente, l'Occidente lo chiamerebbe stupro e la legittimità ne verrebbe messa in discussione?
E la vendita di...???
(Vedi Molto arcaico! E quindi non applicabile a questa era moderna – forse come molte di quelle interpretazioni selettive che danno carta bianca all'odio pieno di guerra ribelle e genocida per rendere davvero il Mar Rosso una tonalità rosso sangue!

E tieni presente che questo è stato scritto in tempi antichi, molto diversi da noi adesso, ma non per quegli ardenti seguaci che uccidono la memoria contaminata!

Ah bene, basta... Torniamo al Regno Unito, che ha i suoi problemi legati ai musulmani!

I bambini vengono indottrinati il più presto possibile (Noi contro Loro) in modo che imparino l'uso del potere di massa, così le scuole (e poi altre Autorità) sono costrette a riconoscere, consentire, tutte le loro richieste religiose ed etniche anche se vanno contro quanto stabilito dal Regno Unito. nel modo in cui desiderano imporlo.

Quindi possiamo finire per far sì che i 10 bambini musulmani si separino (? Con successo) per le sessioni di preghiera nel cortile sui blazer scolastici, poiché i tappetini da preghiera non sono ammessi se non nell'area (interna) designata.

Espandendolo si ritorna alla visione originale opposta a quella dell'integrazione della diversità che, se si guarda su e giù per il Paese, non ha mai funzionato poiché le tasche in continua crescita (anche, forse soprattutto quelle a base criminale), si tengono per sé e lentamente si strangolano. l'opposizione con una maggiore nascita e con un numero di massa si infiltra nell'establishment governativo locale attraverso il loro governo non britannico che segue il candidato e attraverso le vittorie elettorali del governo locale iniziano a esercitare il controllo su tutto ciò che accade nella loro comunità e lentamente più lontano.

Lo stile di vita musulmano e la sua accettazione crescono sempre spinti dal fanatismo sotto il ventre, quella corrente che diventerà un'ondata.

La loro maggiore nascita è replicata in tutte quelle aree del terzo mondo – Ma, ed è qui che la Grande Natura detta Ma, in quei (? Paesi abbandonati da Dio) la Natura determina che la mortalità infantile (? E della madre) è alta, quindi la necessità di generare di più è il loro, di un essere umano vivente, imperativo mortale!

Ma una volta che arrivano a coloro che forniscono meglio le coste occidentali, i livelli storici di procreazione vengono mantenuti!
E per così tanti locali, le loro famiglie allargate vicine di nuovi immigrati sono finanziate dal beneficio benefico governativo mantenuto dalle tasse pagate dagli stessi suddetti locali!

Così come negli Stati Uniti quei puri tipi sudamericani possono vedere che non saranno più la base della maggioranza e cercano di arginare il flusso in quella loro consolidata forza di combattimento con la forza!

Quei viaggi all'estero potrebbero essere quelli che una volta venivano chiamati tempi allegri...

Ma nel mondo dell'autunno del 2023, questi sono tutt'altro che tempi allegri, poiché le vecchie croste di odio dell'Est cominciano a prudere vendetta, ancora una volta?

E il potere delle manifestazioni di massa incontrastate in cui la violenza e l'odio vengono espressi senza opposizione (mi viene in mente l'inutile attività di polizia) è in aumento, non solo qui ma in gran parte del mondo occidentale.

Altri gruppi come il movimento Khalistan che fanno sentire la loro voce con la paura in così tanti casi, ancora una volta incontrollati in così tanti Paesi: Australia, Stati Uniti, Regno Unito e la loro patria contesa in India!

Sebbene il regime cinese sembri avere i mezzi per affrontare l'invasione di immigrati indesiderati, come esemplificato dal modo in cui trattano gli (? detestabili per loro) uiguri, cosa che i leader civilizzati del mondo occidentale non prenderebbero mai in considerazione:

**(Nessuna preoccupazione per il Ruanda lì!)** ↓

Detenzione di massa La Cina ha creato un vasto sistema di detenzione arbitraria e sparizioni forzate. Circa un milione di uiguri sono attualmente imprigionati in centri di detenzione, per ragioni semplici come praticare la propria religione, avere contatti o comunicazioni internazionali o frequentare un'università occidentale.

**Lì la politica è semplicemente Integra o altro!**

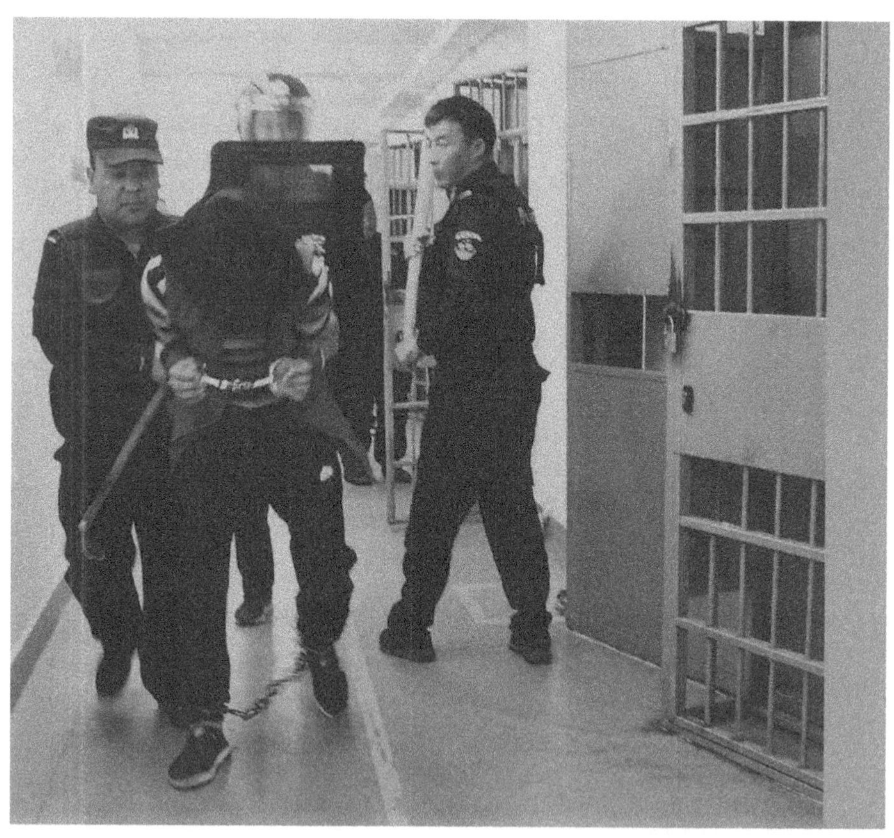

In Occidente si fa quello che si vuole: - Non ti (En) - ti costringeremo!

E quindi ci saranno delle conseguenze,

ma non immediato,

**piuttosto quelli che si potrebbero classificare come a combustione**

**lenta,**

**come potrebbero fare così tante città nel futuro!?!**

Quindi, a casa, nel caro vecchio Regno Unito, molto cambiato, il tanto travagliato autunno del 2023 rispecchia quell'odio innato e incontrollato, che, dopo la prima guerra mondiale, apparentemente non aveva arena qui!

Ma altrove?

Ma forse i semi del dubbio sono stati seminati nelle menti di coloro che hanno esaminato attentamente l'annessione palestinese successiva al 1948? (Dopo)

Ma, ed è quel Grande Ma Grande Ma Politico, i bisogni devono! Oppure lo fanno/lo hanno fatto?

Ciò che una volta era inteso come il modo di vivere e di pensare britannico è cambiato radicalmente negli ultimi 60 anni e l'ondata di cambiamenti demografici non sarà invertita poiché l'originale britannico sarà sommerso dall'aumento del tasso di natalità....(Ante)

Quindi, prima viaggio di ritorno nella nostra Carrozza del Cuckold per capire cosa intendo....

>>>>>>>>>>>>>>>

Cominciamo dagli anni 50 quando i tempi erano ancora duri e il razionamento non era ancora del tutto finito come stile di vita (la carne era l'ultimo alimento che terminò nel 1954) c'erano alcuni standard che venivano trattati come uno stile di vita accettabile e quindi avere un avere figli fuori dal matrimonio era un tabù e veniva seriamente disapprovato.

Ciò è continuato fino agli anni '60, anche se il mio caro paziente Paul, nella sua piccola cerchia, conosceva allora 3 giovani sotto i 20 anni che si cacciavano ancora nei guai, come diceva quella frase comune allora descritta!

Anche la convivenza era ancora un non-sequitur e per quanto riguardava la connettività sessuale, se il ragazzo non aveva/portava il suo "johnny" (preservativo), allora più comunemente usato era con il marchio durex, alla fine potevano derivarne problemi di gravidanza. .

Ma l'uscita dalla prigione infernale della gravidanza per la donna era che il ragazzo avrebbe dovuto sposarla!

Ma il progresso medico-scientifico è venuto in aiuto della libertà sessuale femminile: è stata inventata la pillola e da lì in poi tutto è esploso a livello sessuale!

Ma, e poi è arrivata quella grande malattia sessualmente trasmissibile, entrambe le parti hanno dovuto prestare attenzione: quindi è stato davvero soddisfacente "metterlo in giro" come veniva comunemente appropriatamente descritta quell'altra frase?

(Sul fronte gay, l'AIDS avrebbe colpito il Regno Unito negli anni '80, ma quel lato non sarà incluso nella mia Manifestazione del Cuckold, ma da quel decennio in poi si sono verificati molti cambiamenti nell'atteggiamento sessuale che hanno avuto un impatto sulla futura popolazione e patrimonio britannico del Regno Unito. )

Paul era presente durante i cambiamenti significativi sui vari fronti, essendo un funzionario governativo per oltre 40 anni.

Le cose problematiche erano in bollitura nel dopoguerra e l'ebollizione doveva essere evitata, dal semplice espediente per evitare una carenza di manodopera Gli afro-caraibici furono invitati/autorizzati a immigrare qui principalmente per lavorare nel nascente NHS formato nel 1948 [1948] + la Ferrovia /Transport Industries, ma con ciò arrivò anche la bomba a orologeria Windrush della minoranza nera!

[1948] Quello fu anche un anno critico per un'altra gara alla quale il Regno Unito partecipò! (Dopo)

L'altra bomba a orologeria per la carenza di manodopera è stata costituita dall'introduzione di una contraccezione affidabile (sopra) in modo da poter controllare il numero delle famiglie, ma ciò significava meno persone disponibili per futuri lavori.

Quindi altri serbatoi di offerta di manodopera hanno chiesto a gran voce di essere riempiti!

E ora i familiari non solo di chi vive in una casa matrimoniale, ma anche in una di coppie conviventi – non sposate –: si è pian piano tolto lo stigma di avere un figlio fuori dal matrimonio, ma anche l'espediente di rimanere incinta pur di ottenere un Consiglio Place è nato con il nuovo Regolamento sui benefit! (Il libretto originale era un decimo di quello che è oggi!)

Potrebbe essere un po' esagerato, ma per Paul & Co una cosa del genere era comune a lui e ai suoi compagni.

Adesso le cose stanno così, anche a scapito delle nostre diverse modalità di organizzazione, che ora abbiamo il più alto tasso di coppie familiari non sposate, il più alto tasso di divorzi, il più alto tasso di figli in una casa monoparentale e, peggio ancora, i figli della madre potrebbero essere stati tutti generati da uomini diversi!

Almeno le malattie sessualmente trasmissibili derivanti dalla promiscuità ora possono essere trattate efficacemente!

E mentre tutto ciò accadeva, quella depressione del lavoro creata da famiglie più piccole stava causando ai pianificatori futuri del governo un mal di testa per la creazione di entrate fiscali insufficienti!

E come la soluzione afro-caraibica di cui sopra, un'idea simile è stata discussa e ripresa/iniziata durante il successivo governo laburista del 1997 - _Ricordi gioiosi per Paul, sostenitore del partito laburista_

_Tony Blair vince le elezioni nel Regno Unito del 1997_
**_Diritto d'autore dell'autore_**

Quello che un tempo era un mio paziente chiamato Paul era proprio dietro l'angolo dal numero 10, ma aveva la sua amica africana-caraibica del Gabinetto con cui inoltrare/scambiare appunti.

In linea con il contenuto di questo libro c'era una chimica del brivido sessuale lì, ma insoddisfatta: a differenza del lato femminile Cuckold, la moglie del paziente, non era una Cuckquean, e sia lui che la sua CS

Black Belle lo sapevano e con esso il rispetto di i voti dell'istituzione matrimoniale, a differenza di tanti al giorno d'oggi!

Ma, e così Grande Immaginazione, Grande Ma, ciò non ha fermato i sogni! **<u>(Gli esempi femminili sono stati ampliati sopra!)</u>**

Alla fine degli anni '90 e nei periodi successivi lo stesso vecchio problema si stava manifestando dietro le quinte pubbliche!

Quella perenne depressione del mercato del lavoro!

E i funzionari pubblici e il governo avevano bisogno di una via d'uscita.
E hanno replicato la soluzione post-WW11.

Ma, ed è che le grandi lezioni non sono mai state apprese, però, ciò comporterebbe grossi problemi, che superano di gran lunga qualsiasi cosa come quella caduta di Windrush!

Il mercato del lavoro è stato aperto ai lavoratori migranti/stranieri:

**Durante questo periodo fino al 2010, circa 2,2 milioni di immigrati sono entrati nel Regno Unito e l'immigrazione è cresciuta fino a dominare questo e altri paesi dell'UE.**

Così come è avvenuto l'impatto del netto aumento demografico etnico del Regno Unito.

L'accettata (accettabile?) adesione all'UE era in qualche modo obbligatoria, ma i clandestini, gli avvocati hanno fatto il provino per raccontare bugie, seguiti dai Boat People, altrettanto esperti, oltre a coloro che li rappresentano per esperienza, sanno che il sempre aumento delle montagne l'arretrato di elaborazione delle richieste da parte dell'incapace Servizio Civile alla fine si tradurrà nell'amnistia che è fin troppo ovvia per il mio paziente, avendo già visto tutto prima! Un altro poliziotto fuori!

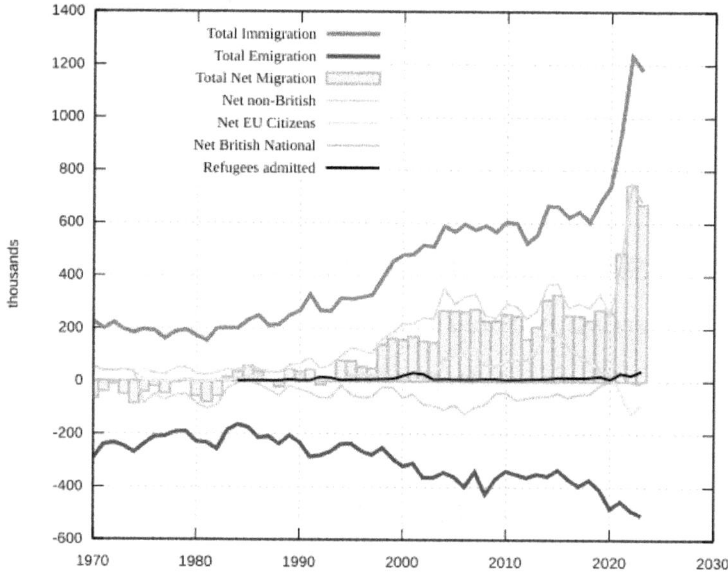


Mille grazie a Chris55 per questo file che è sotto la licenza internazionale Creative Commons Attribuzione-Condividi allo stesso modo 4.0.

Reading from top to bottom...
Leggendo dall'alto verso il basso...
Leyendo de arriba a abajo...


----- = Total Immigration
= Immigrazione totale
= Inmigración total


----- = **Total Emigration**
= **Emigrazione totale**
= **Emigración total**

|||||| = Total Net Migration
= Migrazione netta totale
= Migración neta total


----- = Net Non British
= Netto non Britannico
= Neto no Británico


----- = Net EU Citizens
= Cittadini UE netti
= Ciudadanos netos de la UE


----- = Net British National
= Nazionale Britannica netta
= Nacional británico neto


----- = Refugees Admitted
= Rifugiati ammessi
= Refugiados admitidos


*And how is it compare within UK Spain &/or Italy?*
*E come si confronta con la Spagna e/o l'Italia del Regno Unito?*
¿Y cómo se compara con España y/o Italia del Reino Unido?

Mostra l'immigrazione e l'emigrazione con cifre nette, compresi i cittadini britannici e non britannici.

Dati dell'Ufficio per le statistiche nazionali.

Aggiornato al 2022 e comprendente cittadini UE e rifugiati (questi ultimi compresi confermati e discrezionali).

Da notare che queste cifre non registrano i migranti in attesa di una decisione sullo status di rifugiato: il numero di questi supera ormai abbondantemente i 100.000 ed è in aumento...

Le ragioni del New Labour per aumentare la migrazione nel paese erano tre ragioni chiave che definiscono; secondo Erica Consterdine il quadro alla base dei tre era in primo luogo il "programma economico neoliberale del partito, imperniato su misure per contrastare l'inflazione e promuovere la flessibilità nel mercato del lavoro", in secondo luogo l'impegno del Labour a favore dell'idea di una "nozione cosmopolita di cittadinanza e integrazione ." e in terzo e ultimo luogo c'era "una convinzione intransigente nell'inevitabilità della globalizzazione". (Erica Consterdine è ricercatrice post-dottorato in politica e politica dell'immigrazione, Università del Sussex)


*Ma la percentuale che preoccupa tanti negli Stati europei è la popolazione musulmana.* ↓

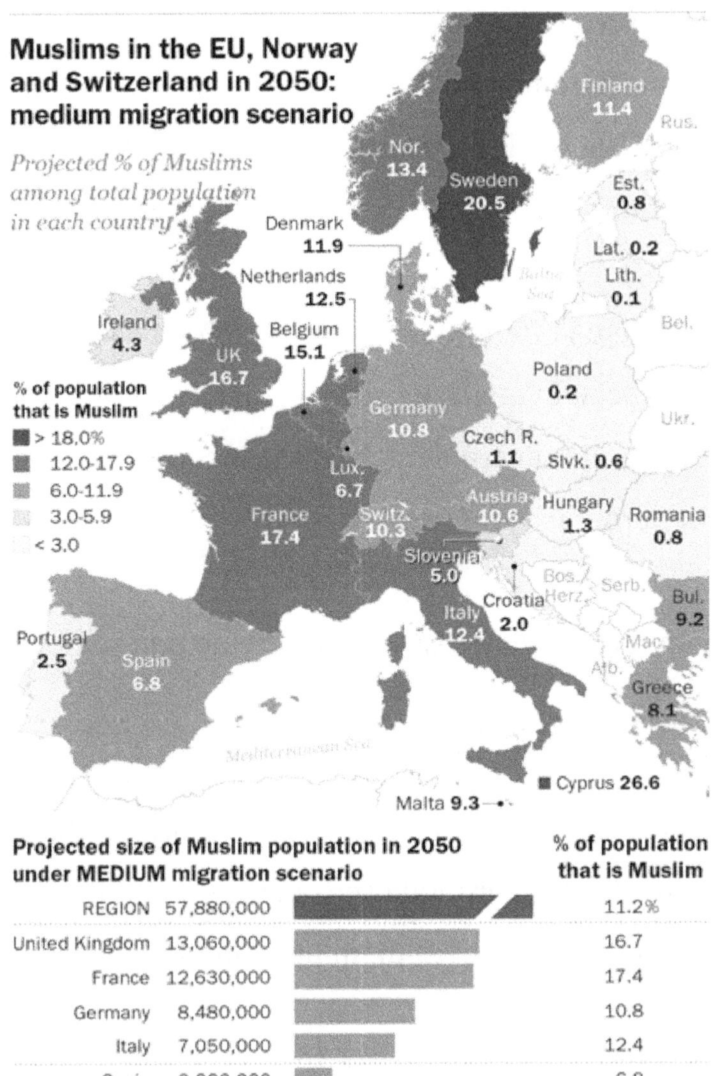


## Projected size of Muslim population in 2050 under MEDIUM migration scenario

| | | | % of population that is Muslim |
|---|---|---|---|
| REGION | 57,880,000 | | 11.2% |
| United Kingdom | 13,060,000 | | 16.7 |
| France | 12,630,000 | | 17.4 |
| Germany | 8,480,000 | | 10.8 |
| Italy | 7,050,000 | | 12.4 |
| Spain | 2,660,000 | | 6.8 |
| Sweden | 2,470,000 | | 20.5 |
| Netherlands | 2,200,000 | | 12.5 |
| Belgium | 2,050,000 | | 15.1 |
| Switzerland | 1,140,000 | | 10.3 |

Note: In the medium migration scenario, regular migration continues and refugee flows cease. "Size of Muslim population in 2050 ..." column lists only countries with at least 1 million Muslims.

Source: Pew Research Center projections. See Methodology for details.

"Europe's Growing Muslim Population"

PEW RESEARCH CENTER

Ma non sottoscrivo questa paura, non che mi rimanga poco tempo da vivere, piuttosto non ha alcuna conseguenza a meno che non venga controllata dagli estremisti all'interno della sua leadership religiosa dura!

Possiamo vedere l'effetto della politica ispirata dai fanatici di uccidere tutti, che in qualsiasi altro stato normalmente si ricadrebbe su se stessa per il numero dei loro dimenticati che vengono uccisi a causa della loro guerrafondaia!

MA ed è un GRANDE MA, semplicemente non sembra accadere! Perché?

Forse si tratta semplicemente di seguire o morire, o forse la dottrina dell'odio è incorporata senza obiezioni nell'età impressionabile (successiva) di un bambino in tenera età, senza un argomento controstorico?

Ma qualsiasi indottrinamento imposto dalla linea dura avrà il suo effetto inevitabile.

Hai solo bisogno di consultare i grafici e le previsioni sulla popolazione per vedere e confrontare i dati decennio su decennio dagli anni '50 al 2020.

*• le religioni dei freschi immigrati;*

*• la fertilità di tali immigrati;*

*• la fertilità del ceppo originario europeo;*

*• la loro concentrazione geografica, che avrebbe un impatto sul tipo di area che diventerebbe, poiché inizierebbero a esercitare una stretta mortale su chi verrà eletto – vale a dire che nessun non musulmano avrebbe alcuna possibilità!*

*• l'effetto del cambiamento climatico con il suo effetto sulla migrazione, poiché molte aree del terzo mondo non possono sostenere la propria esplosione demografica!*

*• E l'Occidente sempre prospero è l'unica opzione?*

*• E gli esodi di massa esplodono in una carica incontrollabile!*

*• Ciò potrebbe significare che la difesa dei confini assume un approccio diverso e necessario per fermarli ad ogni costo e più proiettili inizieranno a volare ovunque e non solo nelle aree come le conosciamo ora.*

*• E Paul si chiederebbe se la distruzione di quello Stato cuscinetto guidato dal dittatore iracheno ora sia un errore disastroso?*

*• Come ce ne sono stati tanti altri in cui gli americani hanno messo dentro il loro remo politico violentemente sostenuto!*

*• Anche se la Russia attualmente ha la sua parte di colpa per l'invasione!?*

Ecco alcune cifre che sono riuscito a estrapolare per il 2030: -

Si prevede che i musulmani costituiranno più del 10% della popolazione totale in 10 paesi europei:

- *Albania (83,2%),*
- *Austria (9,3%)*
- *Belgio (10,2%),*
- *Bosnia-Erzegovina (42,7%),*
- *Bulgaria (15,7%),*
- *Francia (10,3%),*
- *Georgia (11,5%),*
- *Kosovo (93,5%),*
- *Macedonia (40,3%),*
- *Montenegro (21,5%),*
- *Russia (14,4%),*
- *La Svezia (9,9%) raddoppia la cifra odierna!*

Il Pew Center stima che i musulmani nello stesso anno a livello globale saranno 2,2 miliardi, il che equivarrà a quasi il 27% della popolazione mondiale!

Speriamo che quella popolazione preferisca vivere in prospera armonia con i suoi vicini occidentali, piuttosto che essere portata a credere di ucciderli se non seguono le dottrine musulmane!

E l'odio non viene più insegnato a nessuna età, soprattutto non nella fase infantile molto impressionabile) ((Più tardi), né detta il loro atteggiamento e le loro politiche!

Ma per me la cosa più temibile, da temere moltissimo, è l'aumento insaziabile del datemi o prendo con il Proiettile o la Bomba!

Il crimine violento sta prendendo il sopravvento sulle nostre forze di difesa della polizia: la facilità di ottenere la relativa potenza di fuoco sostiene l'elemento criminale!

Ma data la giusta quantità di sostegno violento, anche coloro che non sono armati possono comunque causare il caos!

Stranamente la paura che tanti hanno è quella di essere sommersi dalle razze che tra loro hanno più figli?

Tuttavia, questo sarà fondato in futuro, poiché secondo la Figura di produzione delle Nazioni Unite, la futura produzione di prole che prevedono si ridurrà:-


↓　　　**Fertilità totale per 6 regioni e il mondo ◇ dal 1950 al 2100.**

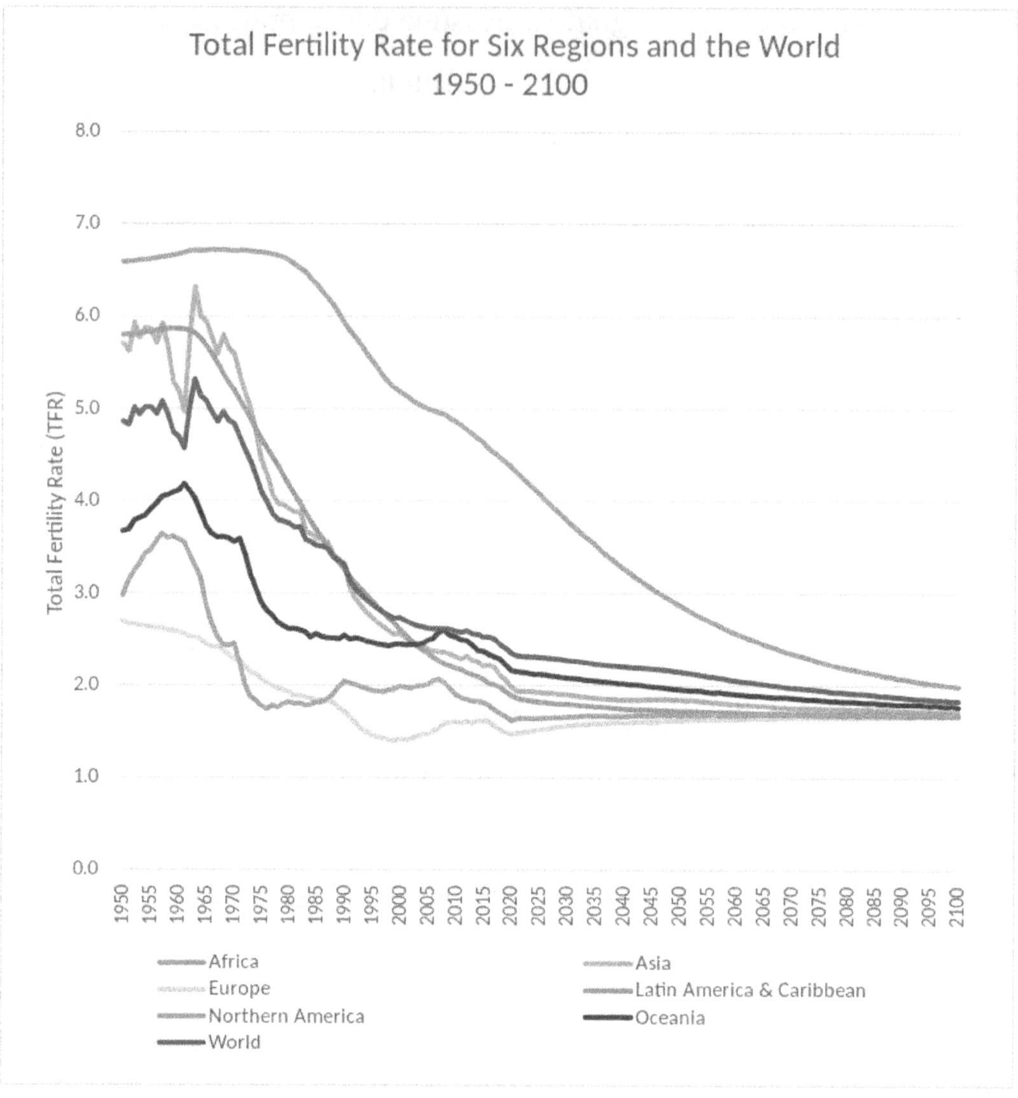


Il tasso di fertilità totale (TFR) è il numero medio di bambini che nascerebbero da una donna nel corso della sua vita. La fonte dei dati è il rapporto World Population Prospects 2022 della Divisione Popolazione del Dipartimento degli Affari Economici e Sociali delle Nazioni Unite – Many Creative Commons Thanks to Joe Bfsplk.

Ma, e qui arrivano le grandi statistiche, ma – le cifre possono
essere molto ingannevoli e bisogna guardare dietro ciò che
mascherano, che potrebbe ancora contenere la chiave per la futura
immigrazione, o la sua prevenzione, che potrebbe portare a
un'estrema esplosione della popolazione occidentale se il letterale
alle nostre porte le maree asiatiche/africane non sono cambiate...
Ovviamente, King Canutes non ha bisogno di candidarsi!

*• La tabella seguente mostra che dal 2020 al 2050 e oltre fino al
2100, si prevede che la maggior parte della crescita della
popolazione mondiale avrà luogo in Africa.*

*• Degli 1,9 miliardi di persone in più previste tra il 2020 e il 2050, 1,2
miliardi si aggiungeranno in Africa, 0,7 miliardi in Asia e zero nel
resto del mondo.*

*• Si prevede che la quota dell'Africa nella popolazione mondiale
crescerà dal 17% nel 2020 al 25% nel 2050 e al 38% entro il 2100,
mentre la quota dell'Asia scenderà dal 60% nel 2020 al 55% nel 2050
e al 45% nel 2100.*

*• La forte crescita della popolazione africana avverrà
indipendentemente dal tasso di diminuzione della fertilità, a causa
dell'elevata percentuale di giovani che già vivono oggi, che sono o si
stanno avvicinando all'età fertile.*

*• Ad esempio, le Nazioni Unite prevedono che la popolazione della
Nigeria supererà quella degli Stati Uniti entro il 2050 circa.*

## Popolazioni regionali previste

| Region | 2020 | | 2050 | | Variazione 2020–50 (bn) | 2100 | | Variazione 2020–2100 (bn) |
|---|---|---|---|---|---|---|---|---|
| | bn | % of Total | bn | % of Total | | bn | % of Total | |
| Africa | 1.3 | 17 | 2.5 | 25 | +1.2 | 3.9 | 38 | +2.6 |
| Asia | 4.6 | 60 | 5.3 | 55 | +0.7 | 4.7 | 45 | +0.1 |
| Altri | 1.9 | 23 | 1.9 | 20 | 0.0 | 1.8 | 17 | -0.1 |
| Più sviluppato | 1.3 | 17 | 1.3 | 13 | 0.0 | 1.2 | 12 | -0.1 |
| Meno sviluppato | 6.5 | 83 | 8.4 | 87 | +1.9 | 9.2 | 88 | +2.7 |
| Mondo | 7.8 | 100 | 9.7 | 100 | +1.9 | 10.4 | 100 | +2.6 |

POICHÉ C'È ALTRA LAVA CHE RIBOLLISCE SOTTO IL NOSTRO VULCANO NEL REGNO UNITO, PRONTO A ESPLODERE IN QUALCHE TEMPO FUTURO, MENTRE I CORDONI CHE TENGONO INSIEME I SISTEMI SI STANNO LENTAMENTE SCOMPARANDO E VIOLENTE PROTESTE DI MASSA A MOTIVAZIONE RAZZIALE TRAVOLGONO LE FORZE DI POLIZIA ASSEGNATE E I SISTEMI GIURIDICI CHE STANNO LENTAMENTE DIVENENDO TOTALMENTE INADATTI LO SCOPO, POICHÉ I NUMERI IN COINVOLGIMENTO STANNO TOTALMENTE INOLGANDO IL PROCESSO GIURIDICO A CAUSA DELLE POLITICHE PASSATE, PRESENTI E FUTURE PREVISTE, SI DIMOSTRERANNO TOTALMENTE INADEGUATE A MENO CHE QUALCOSA NON CAMBIA RADICALMENTE!


>>>>>>>>>>>>>

Il dissidente Paul non ha mai aderito al modo storico del servizio civile di gestire le richieste del ministro di miglioramenti di "efficienza", che purtroppo sono sempre stati collegati a tagli! Grande è meglio!

Ma, ed è stato un fatto importante con il senno di poi, il fatto che il loro Mantra predicato e seguito non fosse esente da difetti di previdenza: Paolo lo sottolineava e sottolineava nuovamente gli elementi chiave, in generale, futuri non affrontati, che l'attuale ed ereditato stavano già mostrando e l'aumento della popolazione proveniva da qualunque luogo *FW* fosse un fattore chiave.!

*FW* Bisogna sempre tenere presente che all'interno di qualsiasi figura relativa all'immigrazione e/o all'apertura delle frontiere c'è sempre quell'elemento criminale insidioso e pernicioso da tenere sempre in considerazione.

E con esso l'effetto dannoso sulle comunità e il drenaggio e la tensione su tutte le strutture di polizia, penitenziarie e legali/tribunali, comprese le deportazioni!

C'è anche l'elemento legato alla famiglia dipendente.

Il che è poi collegato a un potenziale tasso di natalità in espansione della famiglia – che i dati mostrano essere molto più alto tra coloro che vengono a vivere nel nostro Stato, rispetto a quelli del Regno Unito già qui.

Le cui implicazioni non sono state considerate.
Come anche nel caso delle soluzioni abitative per l'immigrazione, dove la diversità e l'integrazione sono state annullate dall'aggregazione di tutte le stesse razze.

Questa situazione ha anche permesso all'elemento criminale di prosperare sotto la loro razza protetta Umberella!

E così è nata l'idea che avevamo perso il controllo dei nostri confini, ma in realtà doveva essere che avevamo già perso il controllo di tutto ciò che abbiamo dentro!

La Pubblica Amministrazione è/era sempre impegnata nella Centralizzazione delle Funzioni ecc. per ottenere economie di scala, il che era difettoso!

Sì, ha risparmiato denaro, ma se guardiamo quanti miliardi ci è costato il Covid e abbiamo trovato i soldi, avremmo dovuto davvero considerare la soluzione di migliorare/espandere i componenti più piccoli per soddisfare un utilizzo maggiore: sì, avremmo bisogno di più esperti in tanti campi ma con gli incentivi corretti si potrebbe raggiungere questo obiettivo? E poi non perderemmo così tanti dei nostri addestrati in casa/Country?!

Quindi avrebbe dovuto essere: -

• Più alloggi? Ma per così tanti ai livelli più bassi vedono questo nelle loro aree solo come una pallottola al cuore delle loro aspettative abitative ** – come vedono i primi in quelli sono gli ultimi in questo Paese, quelli illegali totalmente sostenuti/finanziati? E il 3° tipo tribale mondiale delle usanze africane/asiatiche, dove il verde diventa una discarica per tanti pannolini usa e getta abbandonati, persino!

Forse è anche una questione di barriera linguistica? O educativo, dove nessuno ha insegnato loro come funzionano/dovrebbero essere utilizzati i nostri moderni sistemi igienico-sanitari e attenti alla salute! Ma una volta ospitate, le autorità sembrano immaginare che i loro obblighi legali siano adempiuti!?

• Ulteriori espansioni dell'ospedale
• Più ambulatori medici
• Costruite più prigioni
• Costruite più scuole – inclusa l'inglese per i nuovi arrivati (ma non sempre accolti da tutti) stranieri! **

• Più personale d'ufficio in prima linea *** che tutto quanto sopra richiede ma di cui abbiamo, in realtà, un sistema di approvvigionamento scarso!

*** Questo è stato segnalato perché il funzionario pubblico ama il suo quartier generale centrale, un ufficio riscaldato centralmente e completamente rifornito: un semplice esempio è che i lavori in prima linea presso il dipartimento di immigrazione sono i meno ricercati, poiché lì il contatto umano e l'interazione sono sempre essenziali requisito di abilità!

***Il personale coperto comprenderebbe quindi anche le forze dell'ordine, il personale dei servizi penitenziari, il Servizio dei Tribunali – anche quest'ultimo è un altro dove il numero dei Tribunali è stato fortemente ridotto! E qui c'è un altro disastro che porta con sé l'Hydra che viene lasciato crescere senza controllo: meno tribunali più tempo impiega la giustizia.

Ma, e si tratta di una multa ben nota a Paul, l'allora appena creato Sentencing Policy Review Board ha portato un altro pezzo di Cuckoo al gioco da tavolo della società britannica, questo poiché influisce sulla giustizia.

Se non sei a conoscenza, ogni dipartimento governativo ha la propria unità di ricerca e sviluppo che si occupa di tutto ciò che riguarda i dati statistici e suggerisce modifiche politiche da ciò!

È davvero una condanna dell'intero processo il fatto che la crescita della popolazione non sia mai stata presa in considerazione in modo efficace e le sue implicazioni sulla società britannica, in particolare sulla composizione del futuro elettorato!?

E quindi non abbiamo mai considerato adeguatamente tutto quanto sopra menzionato in TUTTA LA SCHEDA!

Oppure era solo questione di lasciare che fosse il prossimo al potere a risolvere la questione: me ne vado, o vado avanti, o meglio ancora, mi ritiro.

E così ora ci sono così tante persone che non sono in grado di far fronte al crescente carico di lavoro.
Ma il sistema giudiziario non fa notizia come dovrebbe, poiché non è più adatto allo scopo nel suo stesso consiglio!

Il Comitato di revisione delle politiche sulle sentenze (= UK Sentencing Policy Review Board) SPBR (noto anche come Comitato consultivo sulle sentenze (= UK Sentencing Advisory Panel) SAP creato nel 1998) è stato creato con l'unica intenzione di ridurre la popolazione carceraria per qualunque motivo pubblicizzato, considerando quale pena penale potrebbe essere ridotta, in termini di anni o in anticipo. Parole, per esempio.

Paul lo sapeva e una volta pranzò con il regista originale!
C'erano anche i dati sul servizio civile (CS) che pretendevano di dimostrare che le sentenze inferiori a un anno erano inefficaci nell'affrontare l'analfabetismo delle 3 R nella popolazione detenuta – come se mai dovessero mettere tutto il loro cuore per essere di nuovo a scuola!
Ma perché questo sforzo da parte di SPRB/SAP di cui sopra?

Se pensaste che tutta questa attuale lotta per l'alloggio degli immigrati/richiedenti asilo eccezionali sia qualcosa di nuovo per i funzionari governativi, vi sbagliereste.
Quando furono istituiti i comitati/pannelli del 1998, avevamo già il Ministero degli Interni che correva dietro alla coda cercando di capire dove collocare i criminali appena condannati poiché tutte le carceri erano già piene fino all'orlo?

Quindi hanno considerato tutte le solite soluzioni, grandi barche, ex campi dell'Esercito – tante altre le potete indovinare ecc.
Quindi nel 1998 abbiamo considerato meno l'incarcerazione, piuttosto abbiamo dovuto tenerli occupati fuori con programmi speciali previsti per la loro partecipazione >>>

*Una pena comunitaria combina una qualche forma di punizione con attività svolte nella comunità.*

*Ciò potrebbe significare, ad esempio, che un delinquente debba: svolgere fino a 300 ore di lavoro non retribuito, ad es. rimozione dei graffiti;*

*sottoporsi a trattamenti per l'alcol o la droga per contribuire ad affrontare le ragioni per cui hanno commesso crimini in primo luogo; rispettare il coprifuoco – che mira a tenerli fuori dai guai, oppure vivere ad un determinato indirizzo o non viaggiare all'estero.*

*Ci sono 13 possibili requisiti che i delinquenti dovrebbero soddisfare e ai delinquenti può essere assegnato solo uno o una combinazione.*

*Lo scopo dei requisiti è punire i delinquenti, modificare il loro comportamento in modo che non commettano reati in futuro e fare ammenda nei confronti della vittima del reato o della comunità locale.*

*I 13 requisiti:*

*Svolgere fino a 300 ore di lavoro non retribuito*

*Intraprendere un requisito di attività riabilitativa*

*Partecipare a un programma per aiutare a cambiare il comportamento offensivo*

*Divieto di prendere parte a particolari attività*

*Attenersi al coprifuoco significa trovarsi in un determinato luogo in determinati orari*

*Soddisfare un requisito di esclusione, il che significa non poter andare in luoghi particolari*

*Essere obbligati a vivere ad un determinato indirizzo*

*Divieto di viaggiare all'estero*

*Con il consenso dell'autore del reato, subendo:*

*trattamento di salute mentale*

*riabilitazione dalla droga*

*trattamento dell'alcol*

*astinenza da alcol e requisiti di monitoraggio*

*Ai detenuti di età inferiore ai 25 anni potrebbe essere richiesto di recarsi in un centro in orari specifici nel corso della pena.*

***<u>Nel 2021, circa 71.000 autori di reato sono stati condannati a una pena comunitaria, pari al 7% dei condannati.</u>***
***<u>(Queste statistiche sono tratte dalle pubblicazioni sulle statistiche della giustizia penale del Ministero della Giustizia.)</u>***

Ma tutti questi avevano un problema di risorse/finanziario collegato, qualunque fosse il tipo di schema, ognuno richiedeva di nuovo approvvigionamento/personale/controllo ecc.

Ma eccoci di nuovo qui con Prisons Filled to the Brim!
E mentre tutto questo accadeva, le multe inflitte continuavano ad andare avanti in modo disastroso, così come le somme non riscosse sempre crescenti!

Ma, ed è come il Grande Ma della Prigione, il punto di rottura è passato qualche tempo fa e non può essere risolto in quanto il personale e le risorse assegnate fanno solo una piccola differenza.

Ed ecco il Perché?
Se le carceri sono piene quale deterrente c'è per non pagare la multa? I numeri e gli importi delle multe non riscosse hanno ormai raggiunto proporzioni astronomiche! (Sotto)

E se frughi dietro il bancone troverai solo una manciata di impiegati in questo compito, con mezzi limitati per riscuotere in modo efficace!

E non ricordare a Paul l'orecchio di maiale che l'allora appena creato, ora ribattezzato, Child Support/Maintenance Service!

(Ovviamente pensato ma non ponderato con alcuna prescienza su quanti problemi di raccolta si possono incontrare, ma non contrastati in modo efficace!

Paolo ha evidenziato quello dei lavoratori autonomi o ambulanti! L'altro è la mancanza di collegamento tra i dipartimenti governativi relativi al lavoro rilevante, i benefici e le autorità fiscali che non condividerebbero l'accesso - nemmeno gli elenchi degli inadempienti delle entrate delle autorità locali - beh, era probabile che stessero tutti cercando le stesse persone in generale!?

Anche in questo caso le leggi sulla protezione dei dati hanno contribuito a ostacolare tale cooperazione reciproca nello scambio di documenti!)

**Secondo le ultime previsioni, i debiti non pagati dei criminali per i servizi resi alle vittime sono più che triplicati in cinque anni, mostrano i dati ufficiali, mentre l'importo totale delle multe dovute dai detenuti ha raggiunto per la prima volta 1,2 miliardi di sterline.**

È necessario che Paul dica altro sul sistema che non è più adatto a svolgere un lavoro efficace!?

Ma anche se fossero più competenti/efficienti/in grado di riportare in tribunale coloro che non pagano per aver effettivamente oltraggioso, l'arretrato di casi ora è di per sé sproporzionato – un anno non è niente di straordinario (se riesci a trovare un tribunale?) e a quel punto i delinquenti se ne sono andati in qualche posto nuovo!

Oppure lo stupido becco emetterà un'ulteriore multa con sospensione della pena, il che ancora una volta non è un deterrente, poiché ancora una volta si tratterà di prendermi se puoi!?

Anche in questo caso lui/lei può affermare che le Linee guida sulle sentenze gli forzano la mano in una direzione forse non deterrente!

I mandati con cauzione adesso non contano più nulla, solo i mandati senza cauzione possono riportare effettivamente l'autore del reato davanti al tribunale, ma quanti sono i giudici disposti a emettere per il primo reato?

Ma da una serie di veri problemi epidemici endemici a quelli esterni previsti.

.........................

Quindi, andiamo alla vecchia fonte originale di quei 1500 anni fa,
quando i tempi erano molto più diversi, a parte gli omicidi, che hanno
dato ai musulmani la base per il presente...

Ma, e se questo è sempre un grande dubbio, può essere
legittimamente estrapolato fino ad ora?

Ed è possibile ricostruire con precisione l'inizio del conflitto tra
cattolici/ebrei e musulmani? (Vedi anche 3e sotto)
Voglio dire, in molte parti del mondo vivevano in armonia per
generazioni!
Tali situazioni sono state poi punteggiate da coloro che volevano
prendere la loro torta con la forza delle armi e far sfollare i vinti,
soprattutto musulmani ED ebrei!

- Maometto nacque nell'anno 570 nella città della Mecca, una
  città di montagna nell'altopiano desertico dell'Arabia
  occidentale.

¬ _Il suo nome deriva dal verbo arabo hamada, che significa "lodare,
glorificare"._
¬ _Purtroppo, suo padre morì prima della nascita di Maometto e fu
allevato da sua madre Amina, che in linea con la tradizione meccana_

*affidò suo figlio in tenera età a una balia di nome Halima, della tribù nomade delle colline dei Sa' di lingua araba. d ibn Bakr.*

*¬ Gran parte della sua infanzia, come il Cristo dei cattolici, è avvolta nel mistero, ma*

*¬ Si stabilì alla Mecca - conosciuta anche come Mecca in arabo, si trova nella moderna Arabia Saudita. È la città più santa per la fede islamica e i musulmani vi si recano in pellegrinaggio, o hajj, almeno una volta nella vita. La Masjid al-Haram si trova alla Mecca ed è la moschea che custodisce la struttura islamica più sacra, la Kaaba.*

*¬ Anche sua madre morì mentre lui era giovane e fu accolto da suo zio paterno, Abu Talib, come evidenziato nel Corano: -*

*¬ «Dio non ti ha trovato orfano e non ti ha dato rifugio e cure? E ti ha trovato errante e ti ha guidato. E ti ha trovato bisognoso e ti ha reso indipendente» (93,6-8).*

*¬ Mentre lavorava con suo zio commerciante, altri lo soprannominarono El–Amin, quello di cui ti puoi fidare.*

*¬ La sua grande occasione da giovane adulto arrivò mentre era al servizio di un ricco mercante meccano, una vedova di nome Khadija bint Khawalayd. I due erano lontani cugini.*

*¬ Apparentemente, anche se ci si potrebbe chiedere perché proprio lui quando dovevano esserci così tanti potenziali corteggiatori alla sua porta, la pura onestà/affidabilità, incredibilmente per alcuni, l'ha portata a sceglierlo per il matrimonio.*

*¬ Si sposarono intorno al 595. Lui aveva venticinque anni. Aveva quasi quarant'anni.*

¬ *Forse tutti i leader dei clan sposerebbero solo le adolescenti vergini disponibili?*

¬ *Ma, cosa ancora più incredibile, nacquero loro 6 figli, due maschi che morirono entrambi in tenera età, e quattro femmine. Commerciavano con successo e prosperavano.*

¬ *Anche la Mecca prosperò, sotto il loro gruppo commerciale d'élite di leader dei clan.*

Il nuovo materialismo della Mecca e la sua tradizionale idolatria disturbarono Maometto. Iniziò a fare lunghi ritiri in una grotta di montagna fuori città.

Lì digiunò e meditò. (Come Gesù nella Bibbia?)
Quando aveva 40 anni, intorno al 610 d.C., Maometto riferì di essere stato visitato da Gabriele nella grotta[1] e di aver ricevuto la sua prima rivelazione da Dio.

Nel 613, Maometto iniziò a predicare pubblicamente queste rivelazioni, proclamando che "Dio è Uno", che la completa "sottomissione" (islām) a Dio (Allah) è il giusto modo di vivere (dīn), (? Simile a ciò che Gesù cattolico insegnò (copiando ciò che riteneva migliore?) Come aveva letto come tale? Possibile?) e che era un profeta e messaggero di Dio, simile agli altri profeti dell'Islam.

Nel decennio successivo, Maometto e i suoi seguaci furono prima sminuiti e ridicolizzati, poi perseguitati e attaccati fisicamente per essersi allontanati dai costumi tribali tradizionali della Mecca: erano politeisti (vedi sotto quindi...↓↓) mentre il messaggio di Maometto era decisamente monoteista.

Per diversi anni, i Quraysh, la tribù dominante della Mecca, hanno imposto un divieto al commercio con il popolo di Maometto, sottoponendolo a condizioni di quasi carestia. Verso la fine del decennio, la moglie e lo zio di Muhammad morirono entrambi. Alla fine, i leader della Mecca tentarono di assassinare Maometto.

Nel 622, Maometto e le sue poche centinaia di seguaci lasciarono la Mecca e si recarono a Yathrib, la città-oasi dove fu sepolto suo padre.

I leader stavano soffrendo una feroce guerra civile e avevano invitato quest'uomo ben noto per la sua saggezza a fungere da loro mediatore.

Yathrib divenne presto nota come Medina, la Città del Profeta. Maometto rimase qui per i successivi sei anni, costruendo la prima comunità musulmana e raccogliendo gradualmente sempre più persone al suo fianco.

I Meccani non presero alla leggera il nuovo successo di Maometto. *Le prime scaramucce portarono a tre grandi battaglie nei tre anni successivi. Di questi, i musulmani vinsero la prima (la battaglia di Badr, marzo 624), persero la seconda (la battaglia di Uhud, marzo 625) e sopravvissero alla terza (la battaglia della trincea e l'assedio di Medina, aprile 625). , 627). Nel marzo del 628 fu firmato un trattato tra le due parti, che riconosceva i musulmani come una nuova forza in Arabia e dava loro la libertà di muoversi indisturbati in tutta l'Arabia. Gli alleati della Mecca violarono il trattato un anno dopo.*

*Ormai, gli equilibri di potere si erano spostati radicalmente dalla Mecca, un tempo potente, a favore di Maometto e dei musulmani.*

*Nel gennaio del 630 marciarono verso la Mecca e lungo la strada si unirono tribù dopo tribù. Entrarono alla Mecca senza spargimento di sangue e i meccani, vedendo che la situazione era cambiata, si unirono a loro.*

*Muhammad tornò a vivere a Medina. Nei tre anni successivi consolidò la maggior parte della penisola arabica sotto l'Islam.*

*Nel marzo del 632 ritornò alla Mecca un'ultima volta per compiere un pellegrinaggio e decine di migliaia di musulmani si unirono a lui. Dopo il pellegrinaggio, è tornato a Medina.*

<u>Tre mesi dopo, l'8 giugno 632, vi morì, dopo una breve malattia. È sepolto nella moschea di Medina.</u>

Al momento della sua morte, la maggior parte della penisola arabica si era convertita all'Islam e nel giro di cento anni l'insegnamento e lo stile di vita di Maometto si erano diffusi dagli angoli più remoti dell'Arabia fino all'Indocina e all'ovest fino al Marocco e alla Francia. e Spagna.

# La religione nell'Arabia preislamica

Ciò includeva il politeismo arabo indigeno (Sopra/Ante), le antiche religioni semitiche (semitico è un termine obsoleto per un gruppo etnico, culturale o razziale associato a popoli del Medio Oriente, inclusi arabi, ebrei, accadi e fenici), cristianesimo, ebraismo , Mandeismo (a volte noto anche come Nasoraeanismo o Sabianismo, è una religione gnostica, monoteista ed etnica con influenze greche, iraniane ed ebraiche) e Zoroastrismo (che enfatizza una battaglia senza fine tra il bene e il male - una competizione tra il Dio della religione , Ahura Mazda, e uno spirito maligno, Ahriman.

I credenti hanno la libertà di fare scelte buone o cattive; furono esortati da Zoroastro a pensare buoni pensieri, dire buone parole e compiere buone azioni) (Questa religione persiana ebbe un'influenza chiave su entrambi cristianesimo ed ebraismo).

Una statuina cinese in argilla della dinastia Tang dell'VIII secolo raffigurante un uomo sogdiano che indossa un berretto distintivo e un velo sul viso, forse un cavaliere di cammello o anche un sacerdote zoroastriano impegnato in un rituale in un tempio del fuoco, poiché i veli sul viso venivano usati per evitare di contaminare il fuoco sacro con respiro o saliva; Museo d'Arte Orientale (Torino), Italia.

Fiamma eterna zoroastriana al Tempio del Fuoco a Yazd, Iran centrale

Questo file è concesso in licenza in base alla licenza generica Creative Commons Attribuzione-Condividi allo stesso modo 2.0.

Attribuzione: Foto di Adam Jones, Ph.D./Global Photo Archive/Flickr

Il politeismo arabo, la forma dominante di religione nell'Arabia preislamica, era basato sulla venerazione delle divinità e degli spiriti.

Il culto era diretto a vari dei e dee, tra cui Hubal e le dee al-Lāt, al-'Uzzā e Manāt, nei santuari e nei templi locali come la Kaaba alla Mecca.

Le divinità venivano venerate e invocate attraverso una varietà di rituali, inclusi pellegrinaggi e divinazioni, nonché sacrifici rituali. Sono state proposte diverse teorie riguardo al ruolo di Allah nella religione meccana.

Molte delle descrizioni fisiche degli dei preislamici vengono fatte risalire agli idoli, soprattutto vicino alla Kaaba, che si dice ne contenesse fino a 360.

Altre religioni erano rappresentate a vari livelli minori. L'influenza delle adiacenti civiltà romana e axumita portò alla nascita di comunità cristiane nel nord-ovest, nord-est e sud dell'Arabia. Il cristianesimo ebbe un impatto minore nel resto della penisola, ma assicurò alcune conversioni.

Con l'eccezione del Nestorianesimo nel nord-est e nel Golfo Persico, la forma dominante di cristianesimo era il Miafisismo.

La penisola era stata una destinazione per la migrazione ebraica fin dall'epoca romana, che aveva dato luogo a una comunità della diaspora integrata da convertiti locali.

Inoltre, l'influenza dell'Impero Sasanide fece sì che le religioni iraniane fossero presenti nella penisola.

Lo zoroastrismo esisteva nell'est e nel sud, mentre ci sono prove che il manicheismo o il mazdakismo fossero forse praticati alla Mecca.

*Esempio di idolatria qui sotto>*

Statua dorata del dio creatore cananeo El, a.C. 1400-1200 El-Megiddo. El è considerata l'origine delle parole Ilah e continua ad apparire in nomi composti come Gabriel, Michael, Azrael, Ishmael ecc.

El, la divinità creatrice cananea, Megiddo, Stratum VII, Tardo Bronzo II, 1400-1200 a.C., bronzo con foglia d'oro - Oriental Institute Museum, Università di Chicago - DSC07734.JPG

(Licenza Creative Commons di dominio pubblico)

Gli insegnamenti di Muhammad Parte 1-

Le rivelazioni (ciascuna conosciuta come Ayah - letteralmente "Segno [di Dio]") che Maometto riferì di aver ricevuto fino alla sua morte formano i versetti del Corano, considerati dai musulmani come la "Parola di Dio" letterale su cui si basa la religione.

Oltre al Corano, anche gli insegnamenti e le pratiche di Maometto (sunnah), che si trovano nella letteratura Hadith e nella sira (biografia), sono sostenuti e utilizzati come fonti della legge islamica.

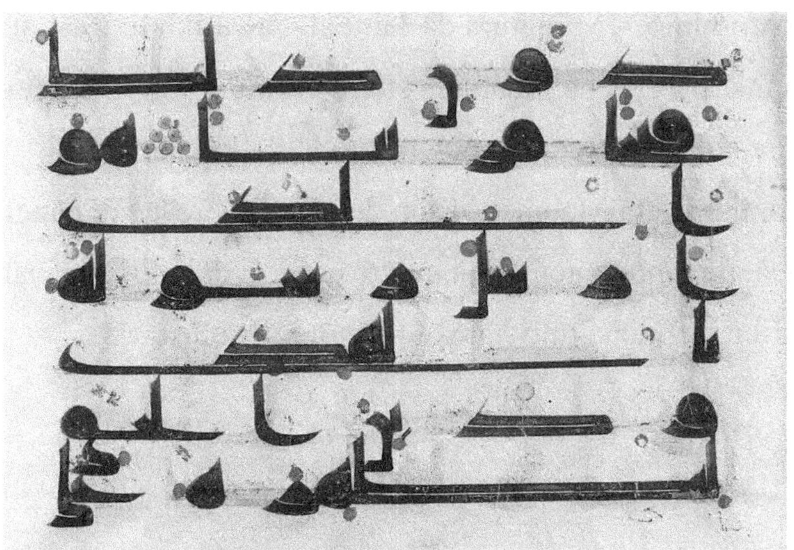

Un foglio di un antico Corano, scritto in caratteri cufici (periodo abbaside, VIII-IX secolo) Dominio pubblico

Pubblico dominio: - Miniatura da Jami al-Tawarikh di Rashid-al-Din Hamadani, c. 1315, che illustra la storia del ruolo di Maometto nel ricollocare la Pietra Nera nel 605 (periodo dell'Ilkhanato)

Al centro, il profeta Maometto, con due lunghe trecce di capelli, pone la pietra su un tappeto tenuto ai quattro angoli dai rappresentanti delle quattro tribù, affinché tutti abbiano l'onore di sollevarla.

Pubblico dominio:- L'Arcangelo Gabriele che dà l'Annunciazione a Maometto, dall'edizione illustrata del 1595 del Siyer-i Nebi. Museo del Palazzo Topkapi, Istanbul, Turchia.

..................

**Gli insegnamenti di Muhammad Parte 2-**

Intorno all'anno 570 d.C. Muhammad, il profeta fondatore dell'Islam, nacque alla Mecca, all'epoca la città centrale della penisola arabica. Circa 40 anni dopo Maometto iniziò a predicare una nuova religione, l'Islam, che costituì una netta rottura con i codici morali e sociali esistenti in Arabia.

La nuova religione dell'Islam insegnava che esisteva un solo Dio (= cattolicesimo) e che Maometto era l'ultimo e il più importante di una serie di profeti e messaggeri.

Attraverso i suoi messaggeri Dio aveva inviato vari codici, o sistemi di leggi per la vita, culminati nel Corano, il libro sacro dell'Islam. Questi messaggeri erano uomini mortali, e includevano tra molti altri Mosè, (= ebreo) il profeta ebreo che guidò gli ebrei dall'Egitto alla persecuzione, e legislatore, e Gesù, (= cattolicesimo) che i cristiani credono essere il figlio di Dio anziché un profeta.

L'Islam insegnava anche che la Bibbia cristiana come Antico Testamento (che include la Bibbia ebraica (= ebraica) (La Bibbia ebraica si sviluppò durante il periodo del Secondo Tempio, quando gli ebrei decisero quali testi religiosi fossero di origine divina; il testo masoretico, compilato da gli scribi e gli studiosi ebrei dell'Alto Medioevo, comprende 24 libri ebraici e aramaici che consideravano autorevoli) e altri 27 libri indicati come Nuovo Testamento), e il Corano erano tutti libri sacri.

Secondo il Corano, le due Scritture precedenti erano state alterate nel tempo rispetto alle loro forme originali date da Dio, (? Prova?) mentre il Corano sarebbe rimasto perfetto, preservato da Dio da tale distorsione (? Prova?).

Oltre a distinguersi dalle tradizioni ebraica e cristiana, la nuova religione insegnava che il Dio dell'Islam aveva fornito all'umanità i mezzi per distinguere il bene dal male, attraverso i profeti e il Corano. (Ma la Bibbia insegna gli stessi valori morali tramite Gesù per prima cosa!?) (E perché l'agenda degli zeloti musulmani uccide tutti coloro che non gli piacciono, perché probabilmente odiano)

Pertanto, nel Giorno del Giudizio le persone saranno ritenute responsabili delle loro azioni. (La Bibbia/Cristianesimo dice che se sei cattivo vai all'Inferno – quindi non aspettare?)

Gli insegnamenti di Maometto incontrarono un'opposizione severa e ostile, e nell'anno 622 lasciò la Mecca e cercò rifugio nella città di Yathrib, come avevano già fatto molti dei suoi seguaci.

All'arrivo di Muhammad, il nome Yathrib fu cambiato in Medina (che significa "la città").

La data dell'immigrazione di Maometto fu successivamente fissata come l'inizio del calendario islamico lunare di 12 mesi.

NB Un aspetto importante degli insegnamenti tramandati nel corso di molte centinaia di anni e le situazioni di allora e l'uso delle parole, quindi le cose - come i Sussurri cinesi - possono perdersi nella traduzione, per così dire, o cambiare nel corso degli anni per adattarsi alla correttezza politica?

E così ci si può ritrovare con varie interpretazioni ed è quella a cui si dà credito/credito alla maggior parte che può dettare una politica diametralmente opposta all'altra interpretazione!?

E forse anche gran parte dell'argomento del Corano, non citato pubblicamente, è la denuncia e la condanna (spesso fisica) dei non credenti delle proposizioni teologiche di Maometto.

Ma forse allora era giustificabile, poiché Maometto incontrò una resistenza forte, in definitiva violenta, a ciò che predicava!
Sebbene questo odio sia persistente negli ultimi 1500 anni, non mostra segni di diminuzione poiché inizia in tenera età e diventa impossibile cambiare.

Un esempio semplificato è che gli uomini armati di Hamas di oggi sono cresciuti con "Assud il coniglietto", un burattino televisivo molto amato dai bambini di Gaza.

**Citazione di esempio**: -

'Saraa, la mia volontà è che tu dica ai nostri amati figli di non dimenticare mai Gerusalemme, Saraa. Dovete trasmettere questa eredità ai nostri amati figli. Non devono mai dimenticare Gerusalemme, Al-Aqsa, i prigionieri o i rifugiati. Ricorda loro, Saraa, che abbiamo una terra alla quale dobbiamo ritornare, attraverso la fermezza della resistenza e dei mujaheddin, attraverso la fermezza della conoscenza e del timore di Dio. Dite loro che Assud è morto da eroe, da martire. Di' loro che Assud è morto martire, Saraa.»

Nel 2009,

Ironia della sorte, Hamas lo ha fatto uccidere – Alla fine del programma, il futuro martire Assud insiste che i mujaheddin devono combattere per garantire il "ritorno", tra gli altri luoghi, a Tel Aviv.

La ragazza poi si gira verso la telecamera e insiste che "la vittoria è vicina" contro la "sporcizia" dei sionisti.

Io, in una citazione finale di Saraa... Dovremmo insegnare ai nostri figli che abbiamo una terra in cui dobbiamo tornare: Giaffa, Acri, Haifa e Tel Aviv. Torneremo in tutte queste città, se Allah vuole.

Ma, ed è il mio ultimo Grande Allah Ma: - E se non fosse/non fosse disposto?
Gli importerebbe e si fermerebbero?
Beh, ho i miei dubbi?

.........................................

Per generare credibilità (? Politica) come Hezbollah, Hamas opera come un partito politico.

Ha vinto le elezioni parlamentari nel 2006 e nel 2007 ha ottenuto il controllo della Striscia di Gaza in una sanguinosa battaglia con il partito rivale Fatah (ex Movimento di Liberazione Nazionale Palestinese) che ha provocato oltre 100 morti.

Da allora, fino agli eventi recenti, Hamas ha controllato Gaza, mostrando poca tolleranza nei confronti dell'opposizione politica.

Non hanno mai tenuto elezioni e gli oppositori politici e i critici vengono spesso arrestati e sussistono denunce di tortura.

Sebbene circolino rapporti di leader di Hamas che si godono lo stile di vita lussuoso degli occidentali mentre distruggono quello dei loro nemici!

Qualcuno l'ha detto così: danno per scontati i nostri vantaggi ma dimenticano che questi doni sono il risultato di uno stile di vita: democrazia, libertà di parola, scienza, pensiero critico e così via.

Cosa che  IL SETTIMANALE ARABO (= THE ARAB WEEKLY) ha confermato nel 2021: "Il leader di Hamas Ismail Haniyeh si è impegnato notoriamente a vivere di "zeit wa zaatar" - olio d'oliva ed erbe essiccate - dopo aver guidato il gruppo militante islamico alla vittoria con un messaggio di lotta armata e austerità nel 2006.

Elezioni palestinesi. Ma da allora ha lasciato la povera Striscia di Gaza e, insieme ad altri leader di Hamas, vive nel lusso dividendo il suo tempo tra la Turchia e il Qatar.

A Gaza, nel frattempo, i palestinesi sono alle prese con una disoccupazione al 50%, frequenti interruzioni di corrente e l'acqua dei rubinetti inquinata.

Ciò è in gran parte dovuto al blocco, che secondo Israele era necessario per impedire ad Hamas di importare armi.

Israele e la maggior parte dei paesi occidentali considerano Hamas un gruppo terroristico perché nel corso degli anni ha compiuto numerosi attacchi, compresi attentati suicidi, che hanno ucciso centinaia di civili israeliani.

Una lunga disputa tra Hamas e l'Autorità Palestinese di Abbas sulla fornitura di aiuti e servizi a Gaza aveva peggiorato le cose.

.........................................

Non sono un apparente esperto storico, né veramente ben informato, quindi devo fare affidamento su altri contenuti di provenienza: - la sindrome Loro contro Noi.

Trovo strano e un po' sconcertante che/questo secolo continui/continua lo stallo tra musulmani ed ebrei?

Se solo per il leader spirituale del musulmano (Maometto) con i suoi insegnamenti correlati, poiché riguardano l'opposizione ebraica, se Opposizione deve essere classificata come?

Ma, espandendo la parola Opposizione, nel corso della Storia non sono stati gli Ebrei a terrorizzare i Musulmani, ma piuttosto molti altri che hanno condiviso la stessa agenda: qui periodicamente presentati davanti a voi in resoconti cruenti, quanto è stato detto durante questi tempi evidenziati!!

*I.*   I. LA MECCA:- Agli albori dell'Islam alla Mecca, i nuovi musulmani erano spesso soggetti ad abusi e persecuzioni da parte dei pagani meccani (spesso chiamati Mushrikin: i non credenti o politeisti). Alcuni furono uccisi, come Sumayyah bint Khabbab, il settimo convertito all'Islam, che sarebbe stato torturato per primo da Amr ibn Hishām. Buhl, F.; Welch, A.T. (1993). "Maometto". Enciclopedia dell'Islam. vol. 7 (2a ed.). Brill editori accademici. pagine 360–376. ISBN 978-9004094192. Anche il profeta islamico Maometto fu sottoposto a tali abusi; mentre pregava vicino alla Kaaba, Uqba ibn Abu Mu'ayt gettò su di lui le viscere di un cammello sacrificato. La moglie di Abu Lahab, Umm Jamil, scaricava regolarmente la sporcizia fuori dalla sua porta e metteva spine sul sentiero che portava a casa sua. "Dall'inizio dell'Apocalisse". Archiviata dall'originale il 9 novembre 2005. Estratto il 19 settembre 2005.

*II.*   II. Le Crociate - La prima fu lanciata nel 1095 da papa Urbano II, con l'obiettivo dichiarato di riprendere il controllo della città sacra di Gerusalemme e della Terra Santa dai musulmani, che le avevano strappate ai bizantini nel 638. Il 7 maggio 1099 le Crociate i crociati raggiunsero Gerusalemme e attaccarono; il 15 luglio i crociati entrarono in città. Quel giorno ebbe luogo un massacro indiscriminato: i crociati uccisero quasi tutti gli abitanti di Gerusalemme,

NON SOLO i musulmani, MA, ed è che i grandi cristiani li odiavano entrambi. Ma, e trattavano entrambi allo stesso modo, furono massacrati anche gli ebrei! E ognuno aveva il suo particolare luogo di culto, sia la Moschea che la Sinagoga furono distrutte. (Forse per me di grande importanza storica dato che loro, Musulmani ed Ebrei, vivevano in armonia lì prima dell'invasione cristiana!) Inutile dire che Il salasso non avveniva senza eccezioni poiché né la donna né il bambino furono risparmiati dalla morte! Questo secondo "Re Giovanni d'Inghilterra: licenze reali di esportazione e importazione, 1205–1206". Fordham.edu. Estratto il 9 febbraio il 2016

Dominio pubblico grazie a Émile Signol per la presa di Gerusalemme da parte dei crociati,
Il 15 luglio 1099 da Giraudon 1848 c/o The Bridgeman Art Library.

III. Sicilia e il papato: - Il Papa era un essere completamente diverso nei primi secoli degli ultimi millenni e molti omicidi avvenivano con la sua approvazione, o ordine, poiché l'odio per i musulmani non conosceva ancora limiti di sradicamento alle sue porte italiane! Nonostante la loro sottomissione per molti anni, a quanto pare, così si sostiene, la tolleranza dei musulmani finì con l'aumento del controllo degli Hohenstaufen. Molte misure oppressive, approvate da Federico II, furono introdotte per compiacere i Papi che non potevano tollerare la pratica dell'Islam nella cristianità: il risultato fu una ribellione dei musulmani di Sicilia. Ciò scatenò rappresaglie organizzate e sistematiche che segnarono il capitolo finale dell'Islam in Sicilia. La ribellione si placò, ma la pressione diretta del papa indusse apparentemente Federico a trasferire in massa tutti i suoi sudditi musulmani nell'entroterra italiano, trasferendone molti a Lucera (Lugêrah, come era conosciuta in arabo) nei due decenni successivi. L'insediamento musulmano di Lucera fu distrutto da Carlo II di Napoli con l'appoggio del papato. I musulmani furono massacrati, convertiti con la forza, ridotti in schiavitù o esiliati. Le loro moschee abbandonate venivano demolite e al loro posto venivano solitamente costruite chiese. Molti potrebbero essere fuggiti a Malta, ma anche lì si è verificata l'inevitabile ripetizione dell'oppressione! (Quindi, fino ad ora nessun oppressore ebreo in vista, ha anche condiviso lo stesso destino omicida della sua controparte musulmana!)

IV. Invasioni mongole: - (Inclusi ulteriori riferimenti in cui musulmani ed ebrei erano considerati e trattati come lo stesso nemico!) I mongoli erano effettivamente il meglio del peggio poiché le loro uccisioni e distruzioni furono enormi! La repressione colpì anche i loro stili di vita tradizionali: Gengis Khan e i successivi imperatori Yuan della Cina imposero decreti restrittivi che proibivano pratiche islamiche come la macellazione halal e costringevano i musulmani a seguire i metodi mongoli di macellazione degli animali! Gengis Khan si riferiva ai musulmani come "schiavi" e comandò loro anche di seguire il metodo di alimentazione mongolo piuttosto che quello halal. Era vietata anche la circoncisione*. (Per Donald Daniel Leslie (1998). "The Integration of Religious Minorities in China: The Case of Chinese Muslims" (PDF). The Fifty-ninth George Ernest Morrison Lecture in Ethnology. p. 12. Archiviato dall'originale (PDF) URL consultato il 30 novembre 2010. AND Elverskog, Johan (2010). Buddhism and Islam on the Silk Road (illustrato a cura di). University of Pennsylvania Press. P. 228. URL consultato il 28 giugno 2010. Cugino paterno musulmano ed ebreo il matrimonio fu bandito dalla dinastia Yuan che costrinse anche i musulmani a obbedire ** usanze mongole come il levirato (= consuetudine o legge che decreta che una vedova dovrebbe, o in rari casi deve, sposare il fratello del marito defunto. Il termine deriva dal latino levir , che significa "fratello del marito". Il "fratello" può essere un fratello biologico del defunto o una persona socialmente classificata come tale!) * Un problema che ho già menzionato è l'accuratezza delle traduzioni, di seguito un esempio: - Poiché sia gli ebrei che i musulmani in passato venivano chiamati hui hui, gli studiosi non avevano familiarità con l'origine del termine erroneamente... come circoncisione, macellazione rituale e matrimonio tra cugini paterni?! Inoltre, ** nel periodo mongolo Yuan (1279-1368), le fonti storiche cinesi menzionano gli ebrei per la prima volta, registrando che agli ebrei e ai musulmani era proibito circoncidere, massacrare ritualmente per il cibo o sposare cugini paterni! L'endogamia (= è la pratica culturale dell'accoppiamento - di solito sotto forma di matrimonio - all'interno di uno specifico gruppo sociale, confessione religiosa, casta o gruppo etnico, rifiutando quelli di altri perché inadatti al matrimonio o ad altre relazioni interpersonali strette.) divenne altamente preferita. , soprattutto per le donne, e la legge islamica conferma che un uomo musulmano può sposare una donna ebrea o cristiana entro determinati criteri! ***↓ L'assedio di Baghdad del 1258 deve essere la più famigerata delle spregevoli atrocità commesse: come i successivi Megalomani l'ordine fu di bruciare tutti i libri, distruggere tutti gli edifici, uccidere tutti ecc. tanto che il bilancio delle vittime (contestato) raggiunse le 6 cifre! Il fetore era così forte che un leader mongolo, Hulagu Khan, ordinò che il suo accampamento militare fosse situato sopravento rispetto alla città morta e in decomposizione! Ma miracolosamente alcuni potrebbero sostenere che i cristiani furono risparmiati grazie alla moglie di Hulagu, per volere di Dokuz Khatum, un cristiano nestoriano, il cui principio era che Cristo non era Dio fatto uomo! Hulagu e i suoi seguaci si stabilirono in Iran, ma la loro fu una civiltà di breve durata: la Morte Nera mise fine a tutto ciò! Solo uno dei tanti esempi possibili di come la Natura possa essere un killer efficace come tutti quelli che cito in questi capitoli!

*V.*  V. Spagna & Co. (ne ho già parlato nell'Inquisizione spagnola sopra) Dopo la conquista di Granada, tutti i musulmani/morisco spagnoli erano sotto il dominio cristiano. Nel 1568, ai sacerdoti cristiani fu ordinato di prendere tutti i bambini Morisco di età compresa tra i tre ei quindici anni e di metterli nelle scuole, dove furono costretti a imparare la dottrina castigliana e cristiana. Anche altre regole oppressive hanno utilizzato questo lavaggio del cervello quando i giovani si avvicinano! Tra il 1609 e il 1614 i Morisco furono espulsi dalla Spagna. Dovevano partire "sotto pena di morte e confisca, senza processo o sentenza... senza portare con sé denaro, lingotti, gioielli o cambiali... solo quello che potevano portare". Purtroppo ricorda così tanto il regime di Hitler e il trattamento riservato agli ebrei costretti alla morte nei campi di concentramento! (Ulteriori letture > L.P. Harvey. Muslims in Spain, 1500 to 1614. University Of Chicago Press, 2005. E • H.C. Lea: The Moriscos of Spain; p. 345)

*VI.*    VI. Polonia/Lituania:- I musulmani tartari si stabilirono lì, ma la Controriforma della Chiesa cattolica nel Commonwealth polacco-lituano del XV secolo portò alla persecuzione non solo dei musulmani, ma anche, ancora una volta, degli ebrei che furono fianco a fianco nella guerra. linea di fuoco della persecuzione! Inoltre anche il legame del matrimonio musulmano con i cristiani è stato reciso legalmente! *** (Vedi anche sopra)

*VII.*    VII. Imperi Sikh (pakistani/indiani) ancora una volta un periodo della storia in cui gli uomini non conoscevano limiti su chi uccidere, anche se a differenza di Baghdad il bilancio delle vittime era solo di 5 cifre, ciò accadde a Samana nel 1709, l'esercito Sikh partecipò a un massacro dei residenti della città. Diecimila uomini e donne musulmani disarmati furono uccisi. Dopo l'assedio di Sirhind, Banda Singh Bahadur ordinò che tutti gli uomini, le donne e i bambini fossero giustiziati. Tutti gli abitanti di Sirhind, indipendentemente dal fatto che fossero uomini, donne o bambini, furono bruciati vivi o uccisi. (Leggi Syad Muhammad Latif (1964), History of the Panjab: From the Remotest Antiquity to Present Time, pp. 111–21)

*VIII.*    VIII. Paesi Bassi e Giappone: - 1621 La Compagnia olandese delle Indie Orientali e i samurai giapponesi, assoldati come mercenari, per conquistare la provincia commisero un genocidio contro gli isolani indigeni musulmani bandanesi, acquartierando nelle loro moschee, umiliando le loro donne e decapitando il loro leader orang kaya nel processo!

E L'UCCISIONE NON SI FERMA MAI
COME DIMOSTRANO IL XX E IL XXI SECOLO!

*IX.*    IX. Grecia + Armenia: - Mettendo da parte la prima guerra mondiale, nel 1919, l'esercito greco sbarcò a Izmir (Smirne), cosa che segnò l'inizio della guerra greco-turca (1919-1922). Durante la guerra, la parte greca commise una serie di atrocità nelle province occidentali, la popolazione musulmana locale fu sottoposta a massacri, devastazioni e stupri, incendiando villaggi mentre si recava.

*X.*    X. Armenia - Nel 1905 e nel 1918, e durante la prima guerra del Karabakh negli anni '90, migliaia di musulmani azeri furono massacrati e le loro città spopolate dalle forze armene.

*XI.*    XI. Bulgaria: nel XIX secolo centinaia di migliaia di musulmani riuscirono a raggiungere le terre controllate dagli ottomani (inclusa la Turchia). Ma col passare del tempo coloro che si stabilirono in Bulgaria subirono persecuzioni, culminate nel 1951, quando la maggior parte di coloro che rimasero in Bulgaria fuggirono a causa dell'islamofobia e del sentimento anti-turco.

*XII.*    XII. Turchia: Ma anche la Turchia, attraverso i cambiamenti di regime, ha insistito sui cambiamenti nello stile di vita musulmano – allinearsi con l'occidentalizzazione forzata o? morire?

*XIII.*    XIII. Cambio di regime in Cambogia: - I musulmani Cham subirono gravi epurazioni in cui circa la metà dell'intera popolazione della loro comunità fu sterminata dai comunisti autoritari dei Khmer rossi in Cambogia durante gli anni '70 come parte del genocidio cambogiano.

**XIV. Cina~ La storia certamente si ripete lì negli ultimi secoli: - con i musulmani uiguri che sono i cinesi che frustano ragazzi e ragazze! Beh, questo è a dir poco leggero. Un altro esempio del ragazzo prepotente che uccide chiunque dica che è sbagliato quello che fa. Abbiamo esempi in cui Maometto ha dimostrato che gli ebrei sono una razza inferiore. Ciò è stato replicato dai viziosi mercanti belgi in Africa, dove chiamavano la popolazione nera scimmie e se lavoravano fino alle quote imposte gli venivano mozzate le mani! I cinesi trattavano certi ribelli in modo cannibalistico, senza mangiarne la carne: i ribelli musulmani Hui venivano lentamente fatti a pezzi! Diverse rivolte passate sono avvenute perché i funzionari cinesi hanno violentato continuamente le donne uigure senza punizione – mi viene in mente quel recente episodio tra un altro funzionario cinese e la denuncia di quella tennista! I soldati e gli ufficiali manciù che facevano regolarmente sesso o violentavano donne uiguri hanno causato un enorme odio e rabbia da parte dei musulmani uiguri nei confronti del governo manciù. Comunque e qualunque sia il significato di ogni rivolta, migliaia di ribelli furono uccisi senza sentimento! Esempi del 19° secolo sono il luogo in cui furono uccise circa un milione di persone nella ribellione di Panthay e diversi milioni nella rivolta di Dungan, anche se alcuni sostengono che questi**

fossero parte di una politica di pulizia del genocidio!?
Sebbene l'indottrinamento forzato continui (vedi foto sopra).

*XV.*    XV. Italia: Purtroppo il genocidio è stato praticato da così tante persone su gran parte di questa terra – nessun continente è esente dalla disumanità dell'uomo nei confronti dell'Uomo. La pacificazione della Libia provocò la morte di massa degli indigeni della Cirenaica: un quarto della popolazione della Cirenaica morì durante il conflitto nella Libia italiana tra le forze militari italiane e i ribelli indigeni associati all'Ordine Senussi che durò dal 1923 al 1932, quando i principali Il leader Senussi, Omar Mukhtar, fu catturato e giustiziato. L'Italia ha commesso gravi crimini di guerra durante il conflitto; compreso l'uso di armi chimiche, episodi di rifiuto di prendere prigionieri di guerra e di esecuzione di combattenti che si arrendevano ed esecuzioni di massa di civili - Il movimento Senussi promosse una stretta aderenza al Corano e alla Sunnah senza partigianeria alle tradizionali scuole di pensiero legali. Cercò anche una riforma del Sufismo, condannando varie pratiche come cercare aiuto dai morti, sacrificare per loro e altri rituali che consideravano superstizioni e innovazioni.

*XVI.*   XVI. Francia – In Algeria hanno superato i numeri italiani sopra! Ancora una volta questo mi fa chiedere: perché gli estremisti musulmani vogliono continuare ad attaccare Israele quando gran parte del mondo ha decimato in così tanti luoghi la loro razza? Forse, come un prepotente, le masse di tali seguaci vedono i 5 milioni da loro presi di mira come un obiettivo possibile, mentre i grandi paesi dell'UE, ecc., sono semplicemente troppo potenti per i loro sforzi inutili, in così tanti luoghi, o per quelli in cui causano la morte. di tante altre migliaia che costringono forse a seguirli? In Palestina tutti quei camion carichi di aiuti anche prima che le ultime atrocità di Gaza venissero sequestrate da Hamas e poi gli avanzi insufficienti fossero sparsi tra coloro che avrebbero dovuto salvare – così tanti che hanno parlato non erano sostenitori né desideravano essere associati a quelli che hanno rubato da soli! Gli algerini erano soli quando ebbe luogo un genocidio: - Ben Kiernan, un esperto australiano del genocidio cambogiano, scrisse in Blood and Soil: A World History of Genocide and Extermination from Sparta to Darfur on the French conquest of Algeria, By 1875 , la conquista francese era completa. La guerra aveva ucciso circa 825.000 indigeni algerini dal 1830. Una lunga ombra di odio genocida persisteva, spingendo un autore francese a protestare nel 1882 che in Algeria "sentiamo ripetere ogni giorno che dobbiamo espellere l'indigeno e, se necessario, distruggerlo. " Come sollecitò cinque anni dopo un giornale statistico francese, "il sistema di sterminio deve cedere il passo a una politica di penetrazione". E poi abbiamo quelli con ideali diametralmente opposti che si scontrano l'uno contro l'altro mentre i corpi si accumulano: – Per quanto riguarda il riconoscimento da parte della Francia del genocidio armeno, (sopra) la Turchia ha anche accusato la Francia di aver commesso un genocidio contro il 15% della popolazione algerina! Ma penso che ciò avvenisse prima che un nuovo leader turco (sopra) tentasse di occidentalizzare il suo Paese precedentemente legato ai musulmani?

*XVII.*

**XVII. Giappone + (Birmania) – Vi informerò qui sulle molte centinaia di migliaia di persone uccise in molti modi non umani (sotto). Nella seconda guerra mondiale giapponesi e birmani uccisero in massa: musulmani Rohingya in un massacro nel 1942, inoltre compirono anche massacri, torture e atrocità sui musulmani Moro a Mindanao e Sulu. Un ex medico della Marina Imperiale giapponese, Akira Makino, ha ammesso di aver effettuato dissezioni su civili Moro mentre erano ancora vivi. Non riesco a capire come gli uomini possano essere così totalmente insensibili mentre fanno a pezzi le persone vive!? Panglong, una città musulmana cinese nella Birmania britannica, fu completamente distrutta dagli invasori giapponesi durante l'invasione giapponese della Birmania. La contea musulmana Hui di Dachang è stata sottoposta al massacro**

da parte dei giapponesi. E così via e così via! Ma qui le cose peggiorano particolarmente: - I giapponesi portarono ragazze indonesiane giavanesi nel Borneo britannico come donne di conforto per essere violentate dagli ufficiali giapponesi alla scuola di Ridge Road, alla chiesa della Missione di Basilea e alla stazione del centro di telecomunicazioni (ex canonica della chiesa di Ognissanti). a Kota Kinabalu così come quelli a Balikpapan e Beaufort. I soldati giapponesi hanno violentato donne indonesiane e donne olandesi nelle Indie orientali olandesi. Sono stati infettati da malattie sessualmente trasmissibili. Si potrebbe affermare che sia una bella liberazione, ma non dimentichiamo che coloro che tornano a casa dalla persona amata con la stessa probabilità trasmettono l'infezione al partner innocente! Sukarno, il futuro leader del Paese, prostituiva ragazze indonesiane di gruppi etnici come Minangkabau alle giapponesi – e sto parlando di grandi numeri, mostrando ancora una volta al mondo ciò che pensano così tanti maschi abusatori tra le loro fila che la sorte delle donne ovunque sia specificamente destinato ad essere ai loro occhi degenerati! Ma la cosa più grande fu che quasi un quarto di milione dei loro uomini furono sradicati dalla faccia della terra!! Ed ecco un esempio della totale disumanità dell'uomo verso i suoi simili, qui i giapponesi hanno indottrinato l'odio verso la razza che consideravano

inferiore, i cinesi – visto sotto:- Cadaveri della famiglia
cinese Hui Muslim Ha che furono massacrati e violentati dai
giapponesi a Nanchino. La foto proviene dal caso 5 del film
di John Magee(John Gillespie Magee (10 ottobre 1884 – 11
settembre 1953) è stato un prete episcopale americano,
meglio conosciuto per il suo lavoro a Nanchino come
missionario e per i film e le immagini che ha girato durante
il massacro di Nanchino. È anche accreditato salvando
migliaia di vite durante l'evento.) Il 13 dicembre 1937, circa
30 soldati giapponesi uccisero tutti gli 11 musulmani cinesi
Hui della famiglia Ha tranne due nella casa al numero 5 di
Xinlukou. Una donna e le sue due figlie adolescenti sono
state violentate e i soldati giapponesi le hanno conficcato una
bottiglia e un bastone nella vagina. Una bambina di otto anni
è stata accoltellata, ma lei e la sorella minore sono
sopravvissute. Sono stati ritrovati vivi due settimane dopo
l'omicidio da parte dell'anziana donna mostrata nella foto.
Nella sua foto si possono vedere anche i corpi delle vittime.
(Dominio pubblico) Secondo l'ultimo desiderio di suo padre,
ha offerto il materiale storico gratuitamente. Per ricordare il
contributo speciale che Magee aveva dato alla popolazione di
Nanchino, fu costruita una biblioteca a nome di John Magee.

↓

(LIFE. 16 maggio 1938) > ...circa 30 soldati si recarono in una casa cinese a 5 Hsing Lu Koo, nella parte sudorientale di Nanchino, e chiesero di entrarvi. La porta è stata aperta dal padrone di casa, un maomettano (musulmano Hui) di nome Ha. Lo uccisero immediatamente con una rivoltella e anche la signora Ha, che si inginocchiò davanti a loro dopo la morte di Ha, implorandoli di non uccidere nessun altro. La signora Ha ha chiesto loro perché avevano ucciso suo marito e le hanno sparato. La signora Hsia è stata trascinata fuori da sotto un tavolo nella sala degli ospiti dove aveva cercato di nascondersi con il suo bambino di 1 anno. Dopo essere stata spogliata e violentata da uno o più uomini, le è stata infilata una baionetta al petto e poi una bottiglia conficcata nella sua vagina. Il bambino è stato ucciso con una baionetta. Alcuni soldati si sono poi recati nella stanza accanto, dove si trovavano i genitori della signora Hsia, di 76 e 74 anni, e le sue due figlie di 16 e 14 anni. Stavano per violentare le ragazze quando la nonna ha cercato di proteggerle. I soldati l'hanno uccisa con una rivoltella. Il nonno afferrò il corpo della moglie e fu ucciso. Le due ragazze sono state poi spogliate, la maggiore è stata violentata da 2-3 uomini e la più giovane da 3. La ragazza più grande è stata successivamente pugnalata e un bastone le è stato conficcato nella vagina. Anche la ragazza più giovane è stata colpita con la baionetta, ma è stata risparmiata dall'orribile trattamento riservato a sua sorella e sua madre. I soldati hanno poi colpito con la baionetta un'altra sorella di 7-8 anni, anche lei nella stanza. Gli ultimi omicidi in casa sono stati quelli dei due figli di Ha [Hui Muslim], rispettivamente di 4 e 2 anni. Il più grande [il ragazzo musulmano Hui] è stato colpito con una baionetta e il più giovane [il ragazzo musulmano Hui è stato] squarciato la testa con una spada.

*XVIII.*    **XVIII. Libano – 1982 Il massacro di Sabra e Shatila fu il massacro di un numero compreso tra 762 e 3.500 civili, per lo più palestinesi e sciiti libanesi, da parte di una milizia cristiana libanese nel quartiere di Sabra e nell'adiacente campo profughi di Shatila a Beirut.**

XIX. Siria - Il massacro di Hama (arabo: مجزرة حماة) fu una campagna genocida di sterminio lanciata dalla Siria baathista nel febbraio 1982, sotto ordine del dittatore siriano Hafez al-Assad di reprimere una rivolta dei Fratelli Musulmani nella città a maggioranza sunnita di Hama. Il massacro è il "singolo atto più mortale" di violenza perpetrato da qualsiasi regime arabo sulla propria popolazione, nella storia araba moderna. L'attacco è stato descritto come un massacro genocida motivato dal settarismo anti-sunnita delle élite dominate dagli alawiti del partito arabo socialista Ba'ath. Anche l'ideologia militante laicista del neo-baathismo, che sosteneva l'eliminazione della religione e l'instaurazione del socialismo nella società, ha avuto un ruolo nella brutalità del massacro.



XX. Myanmar - ha una maggioranza buddista. (E pensavo che i buddisti fossero individui amanti della pace? Anche molti preti sostengono la violenza contro i musulmani!) La minoranza musulmana in Myanmar è composta principalmente dal popolo Rohingya e dai discendenti degli immigrati musulmani dall'India (comprese le moderne nazioni del Bangladesh) e Cina (gli antenati dei musulmani cinesi in Myanmar provenivano dalla provincia dello Yunnan), così come i discendenti dei precedenti coloni arabi e persiani. Quando nel 1962 il generale Ne Win salì al potere sull'onda del nazionalismo, la condizione dei musulmani cambiò in peggio. Sebbene siano stati perseguitati in una forma o nell'altra dal XVI secolo! I musulmani furono espulsi dall'esercito e rapidamente emarginati. Molti musulmani Rohingya fuggirono dalla Birmania come rifugiati e inondarono il vicino Bangladesh, inclusi 200.000 fuggiti dalla Birmania nel 1978 a seguito dell'operazione King Dragon in Arakan – non sono a conoscenza del bilancio complessivo delle vittime!

XXI.    XXI. Germania (nazista) – Siamo pienamente consapevoli del loro genocidio ebraico sotto Hitler, ma c'erano anche altre razze che furono prese di mira a morte: i gruppi etnici associati all'Islam erano considerati "razzialmente inferiori", in particolare gli arabi. (vedi anche sopra); Durante l'invasione della Francia, migliaia di musulmani, sia arabi che africani sub-sahariani, che prestavano servizio nelle unità coloniali francesi furono catturati dai tedeschi. I massacri di questi uomini erano diffusi! NB Durante l'Operazione Barbarossa, gli Einsatzgruppen furono impegnati nell'esecuzione di massa di oltre 140.000 prigionieri di guerra sovietici, molti dei quali furono uccisi perché avevano "caratteristiche asiatiche". L'ironia fatale qui è che gli uomini musulmani civili venivano spesso scambiati per ebrei e uccisi perché erano stati precedentemente circoncisi! Un altro esempio del loro trattamento simile!?

*XXII.*    **XXII. Russia - L'Unione Sovietica era ostile a tutte le forme di religione, che secondo l'ideologia marxista era "l'oppio delle masse". Negli anni successivi alla rivoluzione esisteva una relativa libertà religiosa per i musulmani, ma alla fine degli anni '20 il governo sovietico prese una forte svolta antireligiosa. Molte moschee furono chiuse o demolite. Durante il periodo della guida di Joseph Stalin, i musulmani tartari di Crimea, ceceni, ingusci, balcari, karachay e turchi mescheti furono vittime di deportazioni di massa. Ma penso che dovrei finirla qui, anche se ci sarebbe molto altro da scrivere sulla Russia e sul modo in cui tratta coloro che dissentono, ecc. ecc.**

# <u>Iraq – Repressione interna – i curdi e gli sciiti</u>

Saddam ha perseguito un programma a lungo termine di persecuzione dei curdi iracheni, anche attraverso l'uso di armi chimiche. Durante la guerra Iran-Iraq, Saddam nominò suo cugino, Ali Hasan al-Majid, suo vice nel nord. Nel 1987-88, al-Majid guidò la campagna di attacchi "Anfal" contro i villaggi curdi. Amnesty International stima che più di 100.000 curdi siano stati uccisi o scomparsi durante questo periodo.

Repressione e controllo: alcuni esempi

o Una campagna di arresti di massa e uccisioni di attivisti sciiti portò all'esecuzione dell'Ayatollah Baqir al-Sadr e di sua sorella nell'aprile 1980.

o Nel 1983 furono arrestati 80 membri di un'altra importante famiglia sciita. Sei di loro, tutti leader religiosi, furono giustiziati.

o Un massiccio attacco con armi chimiche contro i curdi nella città di Halabja nel marzo 1988 uccidendo 5.000 persone e ferendone altre 10.000.

o Un gran numero di ufficiali della tribù Jabbur furono giustiziati all'inizio degli anni '90 per la presunta slealtà di alcuni di loro.

Dopo la Guerra del Golfo nel 1991, i curdi nel nord dell'Iraq si ribellarono contro il dominio di Baghdad. In risposta, il regime iracheno ha ucciso o imprigionato migliaia di persone, provocando una crisi umanitaria. Oltre un milione di curdi sono fuggiti sulle montagne e hanno cercato di fuggire dall'Iraq.

La persecuzione dei curdi iracheni continua, anche se la protezione fornita dalla No-Fly Zone settentrionale ha contribuito a frenare gli eccessi peggiori. Ma al di fuori di questa zona il regime di Baghdad ha portato avanti una politica di persecuzione e intimidazione.

Il regime ha utilizzato armi chimiche contro i curdi, in particolare in un attacco alla città di Halabja nel 1988 (vedi Parte 1 Capitolo 2 paragrafo 9). La minaccia implicita dell'uso di armi chimiche contro i curdi e altri è una parte importante del tentativo di Saddam di tenere sotto controllo la popolazione civile.

# Abusi da parte delle forze irachene in Kuwait

Rapina e stupro di kuwaitiani ed espatriati.

• Esecuzioni sommarie.

• Persone trascinate fuori dalle loro case e trattenute in centri di detenzione improvvisati.

• Amnesty International ha elencato 38 metodi di tortura utilizzati dagli occupanti iracheni. Questi includevano percosse, rottura di arti, estrazione di unghie e unghie dei piedi, inserimento di colli di bottiglia nel retto e sottoposizione di detenuti a finte esecuzioni.

• Civili kuwaitiani arrestati per "crimini" come portare la barba.

Molte grazie a Chris55...

Ho lasciato l'Iraq e Saddam Hussein per ultimi, soprattutto perché molti esperti sostengono che sia stato il cuscinetto più efficace contro l'espansione musulmana verso ovest, cosa che gli Stati Uniti temono di più, ma il loro presidente, con l'assistenza del Regno Unito, ha effettivamente sparato a ciascuno di loro, poiché quell'ultimo bastione era stato distrutto. rimossi, per ragioni genuine, o semplicemente pragmatiche, per essere futuri rimpianti addotti come giustificazione!!!

.......................................

**COMUNQUE, TUTTO TUTTO, NIENTE DI STORICO HA MOSTRATO CHE GLI EBREI ERANO SEMPRE INTENTI AD ATTACCARE LE NAZIONI MUSULMANE OVUNQUE SULLA TERRA!**

**BENE, LA LORO POPOLAZIONE LIMITATA LI RENDE UN ATTORE MINORE IN UN'IMPRESA DEL GENERE?**

**TOTALMENTE IN SCONTRANZA SU TUTTI I FRONTI?**

**C'È QUINDI UN'ALTRA CONCLUSIONE DA trarre?**

**E/O LA GUERRA È GUIDATA DALLA PROPRIA MINORANZA RELIGIOSAMENTE FANATICA DELLA LEADERSHIP MUSULMANA?**

*Ricordi il [1948] sopra? Ma prima, il prima...*

*Quanto segue è riprodotto sotto licenza Creative Commons citando l'Australian Institute of International Affairs (6/1/22) – l'articolo scritto dal dottor Daniel Miller, presidente del Dipartimento di Religione, Società e Cultura presso la Bishop's University di Sherbrooke (Quebec) , Canada. Ha conseguito il dottorato in Studi sul Vicino Oriente presso l'Università del Michigan. Le sue aree di interesse accademico sono le pratiche cultuali cananei-israelite, l'antica magia semitica occidentale e, più recentemente, la borsa di studio per l'insegnamento e l'apprendimento. Ha tenuto corsi di Bibbia ebraica (Antico Testamento), religioni mondiali comparate, politica e religione, magia e divinazione dell'antico Vicino Oriente, apocalitticismo, nuovi movimenti religiosi ed ebraico biblico.*

C'è voluto molto tempo per trovare la spiegazione definitiva della situazione e penso che questo sia il miglior articolo informativo in circolazione.

**I termini geografici "Israele" e "Palestina" hanno una lunga storia e connotazioni specifiche per ebrei e arabi rispetto alle loro rivendicazioni concorrenti sulla stessa terra. L'unica via da seguire per gli ebrei israeliani e gli arabi palestinesi è smettere di guardare indietro.**

Nella sua newsletter "Looking Forward" del 14 maggio, Jodi Rudoren, capo dell'ufficio di Gerusalemme del New York Times durante le ultime due guerre Israele-Hamas nel 2012 e nel 2014 (ce ne sono state quattro dal 2008), ha scritto: "In realtà non aiuta per esaminare ciò che nello specifico ha dato inizio a questa conflagrazione, o quella precedente o quella precedente, perché, in molti modi, finisce con 'Abraamo aveva due figli: c'era Isacco e c'era Ismaele'"— un riferimento a il racconto della Genesi secondo cui il patriarca Abramo generò un figlio ritenuto l'antenato degli arabi (Ismaele) e un altro considerato l'antenato degli ebrei (Isacco).

Purtroppo, Rudoren ha ragione: indagare sugli eventi particolari culminati nell'ultima guerra tra Israele e Hamas può fornire solo una comprensione imperfetta e frammentaria di un conflitto iniziato ben più di un secolo fa e che affonda le sue radici in questioni di territorio che precedono l'era volgare.

Tuttavia, dato che una parte sostiene con fervore che quella terra è "Israele" e l'altra altrettanto appassionatamente che è "Palestina", una strada di indagine potenzialmente utile per comprendere il conflitto, almeno in una certa misura, è quella di guardare ciò che ciascuna di questi termini hanno storicamente denotato rispetto alla geografia.

<u>**"Israele"**</u>

Nell'ultimo decennio del XIII secolo a.C., il faraone Merneptah registrò che le sue forze militari avevano sconfitto in modo decisivo un'entità chiamata "Israele" negli altopiani centrali di quella che allora era conosciuta come "Canaan".

Pochi secoli dopo, quella regione sarebbe stata la sede di due regni: "Israele" e un regno gemello più debole chiamato "Giuda", l'origine ultima del termine "ebreo", a sud. La tradizione biblica sostiene che in precedenza esisteva una monarchia unita, apparentemente sotto il nome di "Israele".

Il regno di Israele fu rovesciato nel ca. 722 aEV dall'impero neo-assiro, centrato in quello che oggi è l'Iraq (l'antica Mesopotamia), e "Israele" cessò di essere un'entità geografica dell'antico Medio Oriente.

## "Palestina"

Nel VI secolo aEV Giuda e la sua capitale Gerusalemme furono conquistate dai neobabilonesi, un altro impero mesopotamico.

Dopo l'esilio babilonese, il territorio dell'ex regno servì come centro geografico dell'esistenza ebraica fino al 135 d.C. quando, a seguito di una disastrosa rivolta ebraica, l'imperatore romano Adriano espulse gli ebrei da Gerusalemme e decretò che il territorio circostante la città facesse parte di un'entità più grande chiamata "Siria-Palestina".

Da allora in poi, sarebbero stati soprattutto gli ebrei della diaspora a portare avanti le tradizioni del giudaismo. La "Palestina" aveva come riferimento ultimo il nome e il territorio tradizionale dei Filistei, nemici mortali degli Israeliti (precursori degli ebrei).

Nell'ambito della conquista islamica del Medio Oriente nel VII secolo, i popoli arabi iniziarono a stabilirsi in numero significativo nel paese. A parte un periodo relativamente breve di controllo crociato, la Palestina rimase sotto il controllo musulmano per poco meno di 12 secoli, con una popolazione prevalentemente araba.

<u>**Sionismo e ritorno degli ebrei**</u>

Nella seconda metà del XIX secolo, il desiderio degli ebrei di ritornare nella loro terra ancestrale trovò espressione concreta nel movimento nazionalista ebraico sionismo.

Il sionismo sorse in risposta al crescente odio virulento verso gli ebrei in Europa e nella Russia zarista.

Quando gli ebrei cominciarono a ritornare nel paese, incontrarono una consistente popolazione araba che era lì da secoli.

Sotto l'impero turco-ottomano, il territorio comprendeva tre regioni amministrative, nessuna delle quali portava il nome "Palestina".

La prima guerra mondiale vide il crollo degli Ottomani e nel 1917 il paese cadde sotto il dominio britannico. La "Palestina mandataria", che comprende anche l'attuale stato della Giordania, venne alla luce nel 1923.

Fino a quel momento, gli arabi che vivevano lì si consideravano principalmente non "palestinesi" nel senso di nazione, ma come arabi che vivevano in Palestina (o per essere precisi, "Grande Siria").

# La fondazione del moderno Stato di Israele

Durante l'era della Palestina mandataria, la leadership sionista in Palestina (l'Yishuv) si sforzò di aumentare il numero di ebrei nel paese per consolidare le pretese ebraiche allo stato, un'iniziativa che alla fine fu bloccata dai limiti britannici posti all'immigrazione ebraica.

Sarebbe l'inorridita reazione mondiale all'Olocausto ARABO vedi più avanti sotto

a spingere il progetto sionista oltre il traguardo. Nel novembre 1947, l'Assemblea generale delle Nazioni Unite approvò la risoluzione 181, che suddivideva il territorio in "Stati arabi ed ebrei indipendenti".

**NB** Letteratura Contrariamente a un certo Lord Balfour & Co che affermava che la Palestina nel 1947/1948 era un deserto e/o una palude e gli occupanti erano solo contadini...

Per secoli, la principale esportazione del paese è stata l'enorme raccolto di agrumi e altri frutti, famosi in tutto il mondo, provenienti dai frutteti vicino a Giaffa. Le leggendarie arance Jaffa erano di così alta qualità che nel 1856 Henry Gillman, console americano a Gerusalemme, suggerì agli agrumicoltori della Florida di migliorare i loro raccolti studiando e adottando tecniche di innesto palestinesi.

"Il volume del raccolto del 1880 fu di 36 milioni di arance."
(Rapporto britannico sull'agricoltura palestinese, Documenti
parlamentari, 1881/xc Beyrout, 19.3 1881)

C'erano molte prove pittoriche dell'idilliaco Stato palestinese
dell'antichità, dove musulmani, cristiani ed ebrei vivevano in amicizia
c/o Felix e Adrien Bonfils + artisti come William Henry Bartlett,
David Roberts, Edward Lear e William Holman Hunt.

**"[Essi] formavano una comunità orgogliosa e vibrante che aveva
già varcato la soglia di un rinascimento intellettuale e nazionale...
Per secoli avevano avuto legami commerciali con l'Europa e
contatti con gli europei... Per decenni erano stati esposti a
influenze modernizzanti... I palestinesi erano... profondamente
radicati nel loro paese alla vigilia dell'impresa sionista..."
(Professore di Harvard Walid Khalidi, Before Their Diaspora)**

**"Durante la stagione della semina 1944-1945, in Palestina furono
coltivate quasi 210.000 tonnellate di grano, di cui 193.376
tonnellate erano raccolti arabi, rispetto a 16.579 tonnellate di
raccolti ebraici. Quell'anno furono coltivate quasi 80.000
tonnellate di olive, di cui oltre 78.000 tonnellate coltivate da arabi
palestinesi. Delle oltre 244.800 tonnellate di verdure prodotte in
Palestina in quella stagione, gli agricoltori arabi erano
responsabili di oltre 189.000 tonnellate; delle 94.700 tonnellate di**

frutta, i frutteti arabi ne hanno prodotte 73.000. Sono state coltivate quasi 143.000 tonnellate di meloni, di cui oltre 135.600 di produzione araba, mentre quasi tutte le oltre 1.680 tonnellate di tabacco coltivate provenivano da fattorie arabe, così come 20.000 tonnellate di fichi e 3.000 tonnellate di mandorle.

Eighty percent of the 40-50,000 tons of grapes and 4-5 million litres of wine were produced in Arab vineyards. The survey found that in Jericho, Tiberias and in the central coastal plain, 'about 60 per cent of the area (nearly 8,000 dunums) planted with bananas is Arab owned.'

The overall price of the Palestinian agricultural yield that season was more than £21,800,000. Jewish cultivation was responsible for nearly £4,711,000 compared with Palestinian Arab production of over £17,100,000, accounting for almost 80% of total value." (Quoted by Wide Asleep in America, "Operation Desert Bloom: The Zionist Myth that Won't Spoil, Wither, or Die," 30 June 2011)

L'affermazione secondo cui Israele ha aumentato drasticamente la quantità di terra coltivata all'interno dei suoi confini è un'altra falsificazione, così come l'affermazione di Shimon Peres e altri secondo cui tale terra è stata "redenta dalle paludi e dalla natura selvaggia". Infatti, nel 1979, "circa l'80%, e probabilmente più,

dei 2.185.000 dunum 'messi in coltivazione' [da Israele] dal 1948...
costituiscono terreni agricoli appartenenti a profughi palestinesi".

+

La verità è che durante i primi tre decenni di esistenza di Israele,
quando ricevette un'importazione netta di capitali per un totale di
31,5 miliardi di dollari (Maariv, 1 luglio 1977) e poté utilizzare
moderne attrezzature agricole e sofisticate tecniche agricole, il suo
record di coltivazione della terra era piuttosto povero. "[L]'area
all'interno di quello che divenne Israele, effettivamente coltivata
dagli arabi nel 1947, era maggiore dell'area fisica che era
coltivata in Israele quasi trent'anni dopo... L'impressionante
espansione dell'area coltivata in Israele dal 1948 è stata più
evidente che reale poiché si trattava principalmente della
'bonifica' dei terreni agricoli appartenenti ai profughi; questo è
probabilmente vero anche per il deserto del Negev come per il
resto di Israele." (Alan George, "Fare fiorire il deserto..." pagine
99-100)


*Quindi qualcosa che vale la pena avere e non rischiare di perdere?*
*(Sotto)*
*Ma, storicamente, più precisamente,*
*qualcosa che pensavano*
*vale la pena andare in guerra per/più/per sempre!*

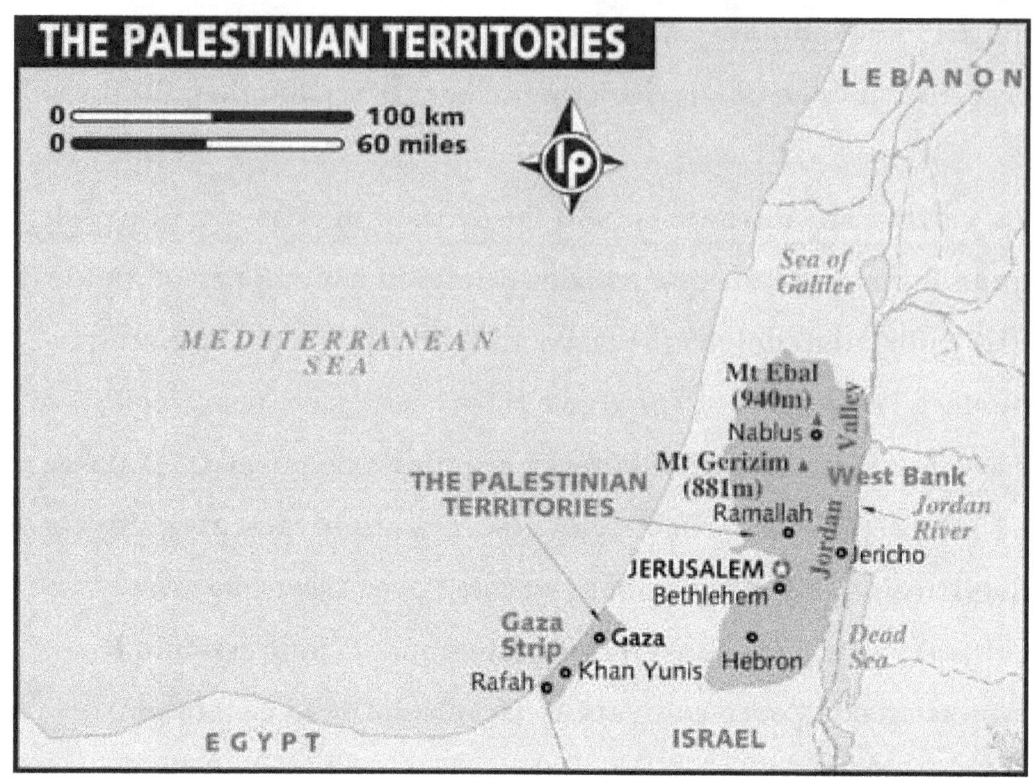



Mentre lo Stato di Israele venne fondato il 15 maggio 1948 e ammesso alle Nazioni Unite, non fu istituito uno Stato palestinese. I rimanenti territori della Palestina pre-1948, la Cisgiordania – inclusa Gerusalemme Est – e la Striscia di Gaza, furono amministrati dal 1948 al 1967 rispettivamente dalla Giordania e dall'Egitto.

La risoluzione ricevette un immediato rifiuto arabo e le milizie palestinesi attaccarono gli insediamenti ebraici. E successivamente hanno perso tutto ciò per cui avevano lavorato! (Sopra)

Il 14 maggio 1948 l'Yishuv dichiarava la fondazione dello Stato di Israele, immediatamente riconosciuto dagli Stati Uniti.

(Autore >) E TIPICA DI TUTTE LE SOLUZIONI POLITICHE
ACCOMPAGNATIVE.......!


 All'indomani della fondazione di Israele, il nuovo Stato ebraico fu
invaso da una forza militare comprendente diversi eserciti arabi più
milizie palestinesi.


(Autore >) E QUINDI QUI È VERAMENTE INIZIATO LO
SPARGIMENTO DI SANGUE?

Quando i combattimenti finirono nel 1949, i palestinesi avevano perso
il 78% di ciò che le Nazioni Unite avevano loro assegnato, e 700.000
palestinesi erano stati sradicati dalle loro case senza diritto di ritorno
ai giorni nostri.


**Per gli israeliani si trattava della "Guerra d'Indipendenza".**


**Per i palestinesi è al-Nakba – "la catastrofe".**

<u>Le famiglie di rifugiati sembrano tutte uguali – In alto non è diverso, ma 75 anni fa!</u>

*Qui foto di pubblico dominio dei rifugiati palestinesi "in fuga dalla Galilea nell'ottobre-novembre 1948" sotto il mandato britannico della Palestina – dello stesso anno!*

...........

 Vorrei aggiungere il mio "fattore contributivo" che avrebbe potuto influenzare ulteriormente, forse soprattutto la mente dei politici britannici, avendo commesso così tanti errori nei confronti del leader musulmano di seguito... e questo è stato il seguente in cui colui che ha scelto la parte perdente ha sofferto le conseguenze della sua scelta: -

**↓ Questa immagine è stata fornita a Wikimedia Commons dall'Archivio federale tedesco (Deutsches Bundesarchiv) come parte di un progetto di cooperazione.**

**L'Archivio federale tedesco garantisce una rappresentazione autentica utilizzando solo gli originali (negativi e/o positivi), risp. la digitalizzazione degli originali prevista dall'Archivio Digitale delle Immagini**

Amin al-Husseini, Gran Mufti di Gerusalemme e presidente del Consiglio islamico supremo, incontra Adolf Hitler (dicembre 1941)

Amin al-Husseini > Fin dal 1920 si oppose attivamente al sionismo e fu implicato come leader delle rivolte di Nebi Musa del 1920. Al-Husseini fu condannato a dieci anni di reclusione per incitamento ma fu graziato dagli inglesi. (Alcuni dicono che questa decisione stupida si ritorcerebbe contro gli inglesi!) *(Questa stupida decisione, secondo alcuni, si ritorcerebbe contro gli inglesi!)*

Dopo la prima guerra mondiale il Regno Unito ebbe un nuovo Alto Commissario britannico: Herbert Samuel.

E come punto di interesse un altro Samuel, * il cui nome di battesimo era Michael, che, come un altro ricco ebreo, avrebbe potuto essere lontanamente imparentato con Herbert, appare nel mio, 'La Guinness relativamente segreta vive senza una goccia di Black Stout in Sight!' – = *'The relatively secret Guinness lives without a drop of Black Stout in Sight!'* - Michael * si è sposato con un membro della dinastia Guinness...e ??? * Dovrai leggere il libro!

>>>>>>>>>

Nel 1921, Herbert Samuel, l'Alto Commissario britannico nominò Amin Gran Mufti di Gerusalemme!

Questa nomina fu piuttosto notevole, tenendo presente i loro punti di vista politici e di altro tipo polarmente opposti: Herbert fu il primo EBREO nominalmente praticante a servire come ministro del Gabinetto e a diventare il leader di un importante partito politico britannico.

Samuel aveva promosso il sionismo all'interno del governo britannico, a cominciare dal suo memorandum del 1915 intitolato Il futuro della Palestina.

Cinque anni dopo, nel 1920, fu nominato primo Alto Commissario per la Palestina, incaricato dell'amministrazione del territorio.

Ma Amin aveva un programma completamente diverso nel riunire le persone!

Come nella posizione di Gran Mufti, era solito promuovere l'Islam mentre radunava un nazionalismo arabo non confessionale contro il sionismo. Durante il periodo 1921-1936 fu considerato un importante alleato dalle autorità britanniche. (Le ultime due decisioni hanno aggravato i problemi futuri!) Mentre ribaltava le sue alleanze: - In seguito si schierò come leader dell'opposizione al dominio britannico scoppiata nella rivolta araba del 1936-1939 in Palestina.

**E alla fine sembra che sia stato Herbert ad avere l'ultima parola nella saga Palestinese:**

*"La crescita graduale di una considerevole comunità ebraica, sotto la sovranità britannica, in Palestina non risolverà la questione ebraica in Europa. Un paese grande quanto il Galles, in gran parte brullo e montuoso e in parte senz'acqua, non può contenere 9.000.000 di persone. Ma probabilmente potrebbe trattenerne nel tempo 3.000.000 o 4.000.000, e si darebbe un certo sollievo alla pressione in Russia e altrove. Molto più importante sarebbe l'effetto sul carattere della maggior parte della razza ebraica che deve ancora rimanere mescolata con altri popoli, per essere una forza o una debolezza per i paesi in cui vive. Che venga stabilito un centro ebraico in Palestina; che raggiunga, come credo che otterrebbe, una grandezza spirituale e intellettuale; e insensibilmente, ma inevitabilmente, il carattere del singolo ebreo, ovunque si trovi, verrebbe nobilitato. Verrebbero eliminate le sordide associazioni*

*legate al nome ebraico e verrebbe accresciuto il valore degli ebrei come elemento della civiltà dei popoli europei.*

*Il cervello ebraico è un prodotto fisiologico da non disprezzare. Per quindici secoli la razza produsse in Palestina una successione costante di grandi uomini: statisti e profeti, giudici e soldati. Se le fosse dato di nuovo un corpo nel quale la sua anima possa alloggiare, esso potrebbe nuovamente arricchire il mondo. Fino a quando non sarà concesso tutto il campo di applicazione, come ha detto Macaulay alla Camera dei Comuni, "non dobbiamo presumere di dire che non c'è genio tra i connazionali di Isaia, nessun eroismo tra i discendenti dei Maccabei".*

*H.S. Gennaio 1915*

....

La sua proposta sul futuro della Palestina (CABINET PAPERS 37/123/43) fu finalmente accettata come Dichiarazione Balfour >Caro Lord Rothschild *

Ho molto piacere nel trasmettervi, a nome del governo di Sua Maestà, la seguente dichiarazione di simpatia per le aspirazioni sioniste ebraiche che è stata presentata e approvata dal Consiglio dei Ministri. "Il governo di Sua Maestà vede con favore l'istituzione in Palestina di un focolare nazionale per il popolo ebraico, e farà tutto il possibile per facilitare il raggiungimento di questo obiettivo, restando chiaramente inteso che non sarà fatto nulla che possa pregiudicare la vita civile e religiosa diritti delle comunità non ebraiche esistenti in Palestina, o i diritti e lo status politico di cui godono gli ebrei in qualsiasi altro paese".

Le sarei grato se volesse portare questa dichiarazione a conoscenza della Federazione Sionista.

Il tuo,

Arthur James Balfour

**E formò l'ordine del giorno per l'accordo delle Nazioni Unite del 1948.**

...

*NB I Rothchild sono anche amici dei Samuels * (menzionati sopra) e delle famiglie Guinness! (Ancora ampliato nel mio libro menzionato sopra), 'The relatively secret Guinness lives without a drop of Black Stout in Sight!'*

...

**Nel 1937, eludendo un mandato di arresto**, fuggì dalla Palestina e si rifugiò successivamente nel Mandato francese del Libano e nel Regno dell'Iraq, finché non si stabilì nell'Italia fascista e nella Germania nazista. Durante la seconda guerra mondiale collaborò sia con l'Italia che con la Germania realizzando trasmissioni radiofoniche propagandistiche e aiutando i nazisti a reclutare musulmani bosniaci per le Waffen-SS. (*Immagini sotto* >)

Incontrando Adolf Hitler, chiese sostegno all'indipendenza araba e sostegno per opporsi alla creazione in Palestina di un focolare nazionale ebraico. Alla fine della guerra passò sotto la protezione francese e poi cercò rifugio al Cairo per evitare il processo per crimini di guerra.

Nel periodo precedente alla guerra in Palestina del 1948, Husseini si oppose sia al Piano di spartizione delle Nazioni Unite del 1947 che ai progetti di re Abdullah di annettere la parte araba della Palestina mandataria britannica alla Giordania.

Dopo la guerra e l'espulsione e la fuga dei palestinesi del 1948, le sue pretese di leadership furono completamente screditate e alla fine fu messo da parte dall'Organizzazione per la Liberazione della Palestina, fondata nel 1964, perdendo gran parte della sua influenza politica residua.

<u>Morì a Beirut, in Libano, nel luglio 1974.</u>

(Per Brynen 1990, p. 20: "La leadership di al-Hajj Amin al-Husayni e dell'Alto Comitato arabo, che aveva dominato la scena politica arabo-palestinese fin dagli anni '20, fu devastata dal disastro del 1948 e screditata dal suo fallimento nel impedirlo. La base socioeconomica alla base del potere politico dei tradizionali notabili arabi palestinesi è stata gravemente compromessa.")

*Creative Commons Soldati bosniaci musulmani delle SS Handschar leggono un libro di propaganda nazista, Islam und Judentum, nel sud della Francia occupato dai nazisti. Archivio federale, giugno 1943.*

Dopo decenni di battute d'arresto militari e diplomatiche, il 15 novembre 1988 il Consiglio Nazionale Palestinese ha emesso una dichiarazione di indipendenza, che è stata riconosciuta un mese dopo dall'Assemblea Generale come Risoluzione 43/177.

Gran parte dei membri delle Nazioni Unite riconoscono lo stato della Palestina, che ha lo "status di osservatore non membro" nelle Nazioni Unite.

Fin dalla sua fondazione e nonostante le molteplici guerre con stati arabi e attori non statali, Israele è fiorito come una formidabile potenza mediorientale.

Al contrario, i palestinesi hanno cercato inutilmente di creare uno Stato vitale e un successo economico reale e duraturo.

La presa da parte di Israele di Gerusalemme Est, della Cisgiordania e di Gaza durante la sua schiacciante vittoria nella Guerra dei Sei Giorni del 1967 – in cui Israele dovette affrontare una vera minaccia esistenziale alla sua esistenza da parte di una forza militare combinata egiziana, siriana e giordana – ha lasciato la maggioranza dei palestinesi sotto varie forme di occupazione o controllo israeliano. A partire dagli anni '90 si sono susseguiti numerosi tentativi infruttuosi di raggiungere una soluzione a due Stati.

Sotto l'ex primo ministro Benjamin Netanyahu, gli insediamenti ebrei in Cisgiordania e Gerusalemme Est, considerati illegali in gran parte del mondo, sono aumentati notevolmente.

Gli arabi che hanno la cittadinanza israeliana, circa un quinto della popolazione israeliana, sono troppo spesso trattati come cittadini di seconda classe in Israele.

La cacciata di Netanyahu dal potere il 13 giugno potrebbe in qualche modo alleviare questa situazione: per la prima volta un partito arabo israeliano fa parte di una coalizione di governo.

Gli ebrei israeliani, nel frattempo, hanno sperimentato la furia violenta di due Intifada palestinesi (1987-1993; 2001-2005), la seconda delle quali è stata caratterizzata da un'ondata di attentati suicidi e imboscate palestinesi che hanno ucciso oltre 1.000 israeliani e ne hanno feriti circa 3.000.

*Questo è stato il catalizzatore della barriera di sicurezza israeliana, che ha ulteriormente esacerbato il disagio palestinese.*

**Dove dovrebbe iniziare la storia e dovrebbe avere importanza?**

**"Israele" e "Palestina".**

**Una terra, due nomi.**

Sia gli ebrei che gli arabi lo hanno rivendicato come loro solo.

Da una prospettiva puramente storica, **"Israele" precede la "Palestina" di oltre un millennio.**

Ma, con il popolo ebraico disperso dalla propria terra natale, la "Palestina" divenne sede di una consistente popolazione araba, ancora una volta per più di un millennio.

Da una prospettiva di giustizia ed equità, entrambi i popoli hanno un legittimo diritto alla terra.

I torti e le brutalità commessi da ciascuna parte nei confronti dell'altra sono diventati troppo numerosi per essere contati.
Non serve a niente cercare di attribuire la colpa dell'ultima guerra tra Israele e Hamas.

La guerra e gli eventi specifici che l'hanno portata ad essa sono solo altre voci di un libro mastro scritte con sangue e lacrime.

Il fatto evidente è che ora non esiste alcun atto di vendetta o punizione che ebrei e arabi possano compiere nei confronti dell'altra parte in conflitto che permetta loro di affermare che i conti sono stati saldati dalla loro parte.

Il registro deve quindi essere scartato.

Come ha scritto Jodi Rudoren: "Qualsiasi speranza di porre fine al conflitto… richiede che i palestinesi e gli ebrei israeliani riconoscano le reciproche versioni della storia senza cercare di determinare quale sia più legittima, o semplicemente le ignorino.

L'unico accordo di pace possibile è quello che guarda avanti".
In un'inversione della trasformazione del Nilo in Esodo 7, i fiumi di sangue versati devono, in qualche modo, diventare acqua passata.

*Questo articolo ↑ è pubblicato sotto una licenza Creative Commons e può essere ripubblicato con l'attribuzione di cui sopra.*

Ma, ed è la mia solita Grande Schadenfreude. Ma non finirà mai finché non finirà l'odio innato!

Schadenfreude è l'esperienza di piacere, gioia o autocompiacimento che deriva dall'apprendere o dall'essere testimone dei problemi, dei fallimenti, del dolore o dell'umiliazione di un altro.
È una parola presa in prestito dal tedesco, senza traduzione diretta, che ha avuto origine nel XVIII secolo.

Continuerà a perpetuarsi in tanti posti in questo mondo, attualmente i russi contro gli ucraini e viceversa; Israele contro le 3H (Hamas/Houti/Hezbollah) + Libano/Iran/.

Non molto tempo fa:-

Questa tendenza è stata notata anche dal defunto leader libico Muammar Gheddafi, che nel 2006 dichiarò: "Abbiamo 50 milioni di musulmani in Europa. Ci sono segnali che Allah concederà all'Islam la vittoria in Europa – senza spade, senza armi, senza conquiste – e lo trasformerà in un continente musulmano entro pochi decenni". (Forse il riferimento all'esplosione demografica citata sopra/prima in vari studi).

## **Ma Gheddafi va a dirlo ai tuoi compagni impazienti guerrafondai!**

## **Ma non può: è stato ucciso in una guerra per sua stessa azione?**

E chiudo qui con un paio di italiani...

"Tra dieci anni saremo tutti musulmani a causa della nostra stupidità", dichiarò qualche anno fa monsignor italiano Carlo Liberati, in un'intervista al giornale cattolico, lamentando la transizione dell'Europa occidentale al secolarismo e ciò che alla fine potrebbe causare una transizione da esso. : "l'afflusso massiccio di migranti musulmani in Occidente e il robusto tasso di natalità di questi immigrati!"

Il secolarismo è più comunemente pensato come la separazione della religione dagli affari civili e dallo stato e può essere ampliato a una posizione simile che cerca di rimuovere o minimizzare il ruolo della religione in qualsiasi sfera pubblica – ma non secondo lui!

*Ma chi non condivide questa opinione? Nientemeno che tutti quei politici europei buonisti ecc.!!!*

*Ma, come tanti altri che escono con la stessa cosa, semplicemente non saranno presenti quando accadrà?*

**<u>E nel 2100 potremmo scoprire che nella maggior parte del mondo la donna DEVE vestirsi come tale >>></u>**

Hijab: un hijab, che copre il petto e la testa, è un tipo di velo indossato da alcune donne musulmane in presenza di estranei o maschi al di fuori dei loro parenti stretti. Niqab: Essenzialmente il niqab è un velo che copre il viso, ma lascia scoperta la zona degli occhi.

E il burqa è un indumento che copre sia il viso che il corpo: per gli occhi viene lasciata una piccolissima rete (così la persona può vedere), ma non sono visibili. L'hijab è un velo che copre i capelli. È disponibile in tutti i colori e può essere indossato in diversi stili.

Nel santuario delle loro case, hanno la libertà di rinunciare al velo per il comfort personale. In presenza di Mahram: in compagnia di familiari stretti, come marito, padre, fratello, figlio o nipote, una donna può togliersi l'hijab.

Gli esperti hanno ricordato che secondo l'attuale versione del codice penale islamico iraniano, qualsiasi atto ritenuto "offensivo" alla pubblica decenza è punibile da 10 giorni a due mesi di carcere o 74 frustate. Le donne viste in pubblico senza velo rischiano da 10 giorni a due mesi di carcere o una multa.

E questo è qualcosa a cui i ribelli nativi occidentali saranno costretti ad aderire: niente più liberalismo lì, allora, da allora in poi!

Per quanto riguarda le donne musulmane, l'hijab funge da identità che riflette la loro modestia e le loro forti convinzioni o ciò che viene chiamato "Imaan". L'hijab o un velo o un foulard è un capo di abbigliamento indossato dalle donne musulmane per coprirsi dalla testa ai piedi.

L'elenco completo delle donne: Burqa, Hijab, Khimar, Chador, Shalwar Kameez (? La versione indiana), Jilbab, Abaya, Niqab.

L'elenco completo degli uomini: - Ghutra & Egal = Un velo quadrato o rettangolare viene indossato insieme a una fascia di corda (solitamente nera) per fissarlo in posizione.

La lista maschile e/o femminile: Thobe = una lunga veste indossata; La parte superiore è solitamente realizzata su misura come una camicia, ma è lunga fino alla caviglia ed è ampia. Il Bisht Speciale => Un mantello da uomo più elegante che a volte viene indossato sopra il thobe, spesso da (Colui che deve essere obbedito!) Quel governo di alto livello o, forse cosa più importante (?) Leader religiosi!

Esempi di quanto sopra sono mostrati qui sotto...

**Molte grazie a mostafa-meraji-RD9TccIs7BY-unsplash**

**Molte grazie a mostafa-meraji-RD9TccIs7BY-unsplash**

Molte grazie a **mostafa-meraji-RD9TccIs7BY-unsplash**

Molte grazie a  **mostafa-meraji-RD9TccIs7BY-unsplash**

Molte grazie a **mostafa-meraji-RD9TccIs7BY-unsplash**

Molte grazie a **mostafa-meraji-RD9TccIs7BY-unsplash**

**<u>PS Di interesse storico per mostrare come le cose potrebbero essersi evolute/cambiate: -</u>**

• L'hijab è un velo indossato da alcune donne musulmane nei paesi musulmani dove la religione principale è l'Islam.

• Ma anche nella diaspora musulmana, paesi in cui i musulmani sono popolazioni minoritarie.

• Indossare o non indossare l'hijab è in parte religione, in parte cultura, in parte dichiarazione politica, anche in parte moda, e nella maggior parte dei casi è una scelta personale fatta da una donna basata sull'intersezione di tutti e quattro.

• Indossare un velo tipo hijab un tempo era praticato da – aspetta un attimo – donne cristiane, ebree e musulmane!!!

• Ma oggi è principalmente associato ai musulmani ed è uno dei segni più visibili dell'essere musulmano di una persona.

.......................................

*NB1:- Forse, come me, per la maggioranza non è tanto la diffusione dei musulmani, è la diffusione di quei maschi al loro interno che esercitano un controllo così malvagio specificamente diretto alle donne – che per molti versi sono loro superiori e gli uomini non voglio che esercitino il diritto alla libera parola in tutte le questioni che riguardano la loro sorellanza femminile!*

*L'Afghanistan è l'attuale esempio lampante di ciò che accade quando il maschio feroce, il più delle volte armato, vuole sopprimere qualsiasi dissenso costruttivo contro la sua uccisione, prima di pensare all'atteggiamento nei confronti della vita, che secondo il loro insegnamento dovrebbe essere una cosa sacra!*

*Ci sono così tante storie dell'orrore su come il sesso gentile sia soggiogato e praticamente ridotto in schiavitù al maschio delinquente.*

*L'ultima è sposarti o perdere tutti i tuoi diritti; un'altra dove la paura maschile nei confronti della donna istruita si manifesta nella donna che non può frequentare la scuola dopo aver compiuto i 12 anni!*

*NB2: - Le radici talebane potrebbero sorprenderti poiché sono collegate sia al Pakistan che all'India: - È qui che è stata fondata l'ideologia talebana. Non è l'Afghanistan; né è il Medio Oriente. Non è nemmeno un paese a maggioranza musulmana. È una piccola città dell'India a circa 100 miglia a nord della capitale, Nuova Delhi.*

*Più di 150 anni fa, è qui che gli studiosi musulmani avviarono un seminario che si intrecciò anche con la politica dell'epoca. Il seminario Darul Uloom Deoband, fondato nel 1866, insegnava che, tornando ai principi fondamentali dell'Islam, i musulmani indiani avrebbero potuto resistere al dominio coloniale britannico. Meno di un decennio prima, la corona britannica aveva preso il controllo dell'India dalla Compagnia delle Indie Orientali. I precedenti governanti Moghul – musulmani – erano stati sconfitti.*

*Il defunto fondatore dei talebani, il mullah Mohammad Omar, si è diplomato in un seminario deobandi in Pakistan, insieme a diversi altri leader talebani. Ma mentre i nuovi governanti dell'Afghanistan si definiscono Deobandis,*

*Tuttavia, la loro posizione è forse più malvagia nei confronti delle donne in quanto è più in sintonia con il wahhabismo ultraconservatore, un movimento interno all'Islam sunnita, che prende il nome dal teologo saudita del XVIII secolo Muhammad ibn Abdul Wahhab. (Quindi non Maometto?)*

························································

**Ma una domanda a cui non avevo risposto: -**
**Perché l'Islam si è diffuso così rapidamente?**
**Ci sono molte ragioni per cui l'Islam si è diffuso così rapidamente.**
**La prima Mecca era collegata a molte rotte commerciali globali.**
**Un altro motivo importante era che i loro militari conquistavano molti territori.**
**Un terzo fattore era il trattamento equo riservato dai musulmani ai popoli conquistati – e la donna era menzionata in modo speciale nella Sura An-Nisa 4:23-24 [4/24] – quindi stupri di massa!**
**(Come spiegato nel mio precedente Capitolo 3e)**

# *QUINDI, O DOVREI DIRE, LA STORIA POTRÀ RIPETERSI?*

..........................................................

*Ed ecco che arriva l'anno 2024 ma merita un "Happy"?*
*Poiché non vedo alcuna differenza rispetto a prima, lo stesso vecchio, lo stesso vecchio catturerà i titoli dei giornali!*

*E così entriamo in un altro anno di uomo invidioso/uomo malvagio/uomo vendicativo/uomo che perpetua l'odio creato dall'uomo/guidato dall'uomo/uccisione/morte/distruzione in tutto il mondo istigata dall'uomo!*
*E fino a quando coloro che continuano a uccidere tutti coloro che odiano/disprezzano/invidiano non lasceranno questo mondo ai propri dispositivi pacifici, le politiche guidate dai proiettili lasceranno libera la tavola del mondo.*

*E poi anche l'indottrinamento infantile malvagio/odioso/vendicativo cesserà di seguire.*

*Ma anche dopo tutto questo, tanti uomini in questo mondo conoscono ancora solo un modo per persistere!*

*Almeno abbiamo ancora il disastro naturale che porta il cambiamento climatico a distrarci TUTTI?*

*E così, quando le aree sovrappopolate non riusciranno più a sostenersi, allora potremo guardare avanti a quello previsto, anche se non pianificato, per l'esodo di massa verso le più prospere coste europee – Come qualcuno disse una volta: "Non avete ancora visto nulla". !'*

*E poi, sempre più a nord, verso gli Stati Uniti, quei sudamericani si accumuleranno attraverso il confine con il Messico, un diluvio inarrestabile, non il Trickle Trump ha cercato di recintare!*

*E poi il mondo affamato che lotta per farcela inaugurerà nuovamente il dominio con armi e bombe mentre troppi lottano per guadagnare troppo poco per sostenersi con mezzi pacifici!*

*(E qui verso la fine del 2024 – questa e molte altre guerre ancora combattute qui sulla Terra rendono la vita della gente comune una miseria costante!!!)*

**(Il futuro è mascherato da tante incertezze!)**

BENE CIAO STORIA 2024, COSA HAI IN SENO PER TUTTI NOI SE TI TOGLIAMO LA MASCHERA DEL FUTURO?
SALUTI A TUTTI DA MYA!.....


Ma una cosa è certa che la forma femminile continuerà ad essere abusata attraverso ogni mezzo possibile.

Quindi concludo ponendo questa domanda: – Succederebbe quanto segue in una società guidata da uomini musulmani in cui la vista della forma femminile nuda è solo per il suo coniuge!

Così sacro per così dire?

E quindi quella Cultura non ha rispetto per la nostra!

Perché dovrebbero?

Come esempio della nostra depravazione malata maschile non ci sono limiti!
Quindi quanto segue non accadrebbe mai nella loro Società?
>> La polizia britannica sta indagando su uno "stupro di gruppo" compiuto nel metaverso da un gruppo di uomini che hanno attaccato l'avatar online di una ragazza MINORE di 16 anni! Il suo trauma

emotivo e psicologico rimarrà tuttavia impunito poiché "la legislazione attuale non è istituita per questo!"

Quindi tutto quello che puoi fare è evitare come Horizon Worlds! Anche se sono sicuro che i musulmani non avrebbero bisogno di alcuna legge per esigere una punizione effettiva!?

Beh, lapidano le loro donne trasgressori, quindi immagino che farebbero lo stesso con i loro equivalenti maschi?!? ???

??? O LO FAREBBERO?

Ebbene, non hanno bisogno di un processo legale contorto in cui la vittima deve aspettare anni prima che un giudice emetta una sentenza! Sommario Giustizia è il nome del gioco!

E così il divario culturale si perpetua... Ma - Cos'è meglio?
In alcune parti dell'India che non esistono, come le nostre gang di adescamento del Regno Unito/UE, tutto ciò di cui hai bisogno è una ragazza di 18 anni che viene poi violentata sistematicamente per un periodo di anni da 5 dozzine circa di maschi di età compresa tra 17 e 47 anni e la stragrande maggioranza degli autori sono noti alla ragazza abusata: - includevano parenti, vicini ed ex compagni di classe - E solo perché "compagno" appare nel loro titolo non significa che avessero un pass gratuito per abusare di lei!

Sfortunatamente, non tutti furono arrestati poiché molti fuggirono dal Paese consapevoli che la Legge li avrebbe perseguitati!

E così il divario culturale si perpetua... Ma - Cos'è meglio?

Dato che qui nel Regno Unito i "padri" violenti, in qualunque modo abbiano ottenuto questo titolo, le loro azioni stanno ora contribuendo a far sì che quasi 40.000 <> 50.000 neonati/bambini piccoli vengano indirizzati ai servizi per l'infanzia, mentre il loro ciclo di violenza domestica si sviluppa in una spirale che porta migliaia di bambini ad essere affidati in accoglienza! Quindi il Commissario del Regno Unito chiede maggiori risorse per contrastare questo fenomeno – MA ed è lo stesso post Baby P # MA e tutti quelli successivi, quei ## numeri abusati non sembrano mai diminuire, non importa quanto aumentiamo gli agenti che dovrebbero riunirsi per porre rimedio a questa epidemia di violenza domestica! E man mano che il numero degli incidenti aumenta, il loro futuro aumento è garantito, poiché i "maschi" cresciuti nella/nella violenza conoscono un solo modo di reagire e saranno i più deboli alla loro portata a soffrire ancora una volta!

(Mya 2025)

Baby P # case: Cubierto en profundidad en mi libro: 'Shoestring v The UK – The Baby P Appeal Case Reviewed'

Those ## numbers abused: Cubierto en profundidad en mi libro: 'It Hurts, Mummy! It Hurts Mummy!'

E così il divario culturale si perpetua... Ma - Cos'è meglio?

Ebbene, non quello russo, dove le pressioni per picchiare gli ucraini significavano rilasciare e successivamente perdonare anche il più vile dei detenuti: tutto quello che dovevano fare era diventare parte delle "tempeste di carne" della Russia, che eufemisticamente significava che facevano parte dell'esercito superfluo. forze inviate in prima linea come attacchi suicidi contro le posizioni ucraine. E quindi si trattava di evitare la morte ed essere semplicemente feriti o scontare la pena e tornare a casa come un nuovo uomo libero dove le sentenze sono sospese, o gli autori ricevono un perdono completo, e/o i prestiti vengono condonati – per quanto riguarda questi ultimi, i loro Il codice penale stabilisce che i criminali la cui condanna comprende anche una sorta di risarcimento devono inviare alla vittima il denaro guadagnato durante la detenzione!

In ogni caso, ciò significa fondamentalmente che se il Condannato sopravvive alla "tempesta di carne" che gli è stata assegnata, può restituire un uomo libero alla comunità in cui ha perpetrato i suoi atti omicidi/vili, con costernazione di tutti coloro che sono colpiti dai suoi crimini, in particolare i vittime spaventose!


**<u>Esempi:-</u>**

*I. Un nuovo tassista, che in precedenza aveva ucciso donne in quella particolare città, ora libero di andare a prendere le donne e ricominciare da dove aveva interrotto?*

*II. Un seguace del rituale satanico che aveva preso parte all'omicidio e alla mutilazione del corpo di diversi adolescenti ingenui!*

*III. Un feroce pedofilo finisce per tenere d'occhio la scuola materna locale in gioco proprio nel villaggio in cui è stato arrestato per crimini atroci contro i bambini!*

*IV. Un serial killer/cannibale torna a casa senza preavviso, nel luogo dei suoi atti depravati!*

L'atto di andare in prima linea per conto della propria patria, la Russia, significava agli occhi delle persone al potere che avevano espiato le loro cattive azioni!

Ma ditelo a quelli che avevano terrorizzato!

Per atti che non saranno mai perdonati e mai DIMENTICATI!

E con quella parola "DIMENTICATO" che risuona nelle orecchie… non dovremmo dimenticare il coinvolgimento britannico e i combattimenti nell'est musulmano palestinese, dove la memoria di un certo caporale HL Hough sopravviverà in una certa chiesa a Studley, nel Regno Unito.

Morì in un ospedale del Cairo il 29 novembre 1917 dopo aver ricevuto ferite mortali a Huj (Palestina) durante un'accusa l'8 da parte del suo Warwickshire Yeomanry!

(Fu assegnato alla divisione a cavallo australiana nel febbraio 1917, prestando servizio in Palestina come cavalleria e partecipando all'azione nella prima e nella seconda battaglia di Gaza, nella carica di Huj, nonché nella battaglia di Mughar Ridge e nella battaglia di Gerusalemme. fu ritirato nell'aprile 1918.)

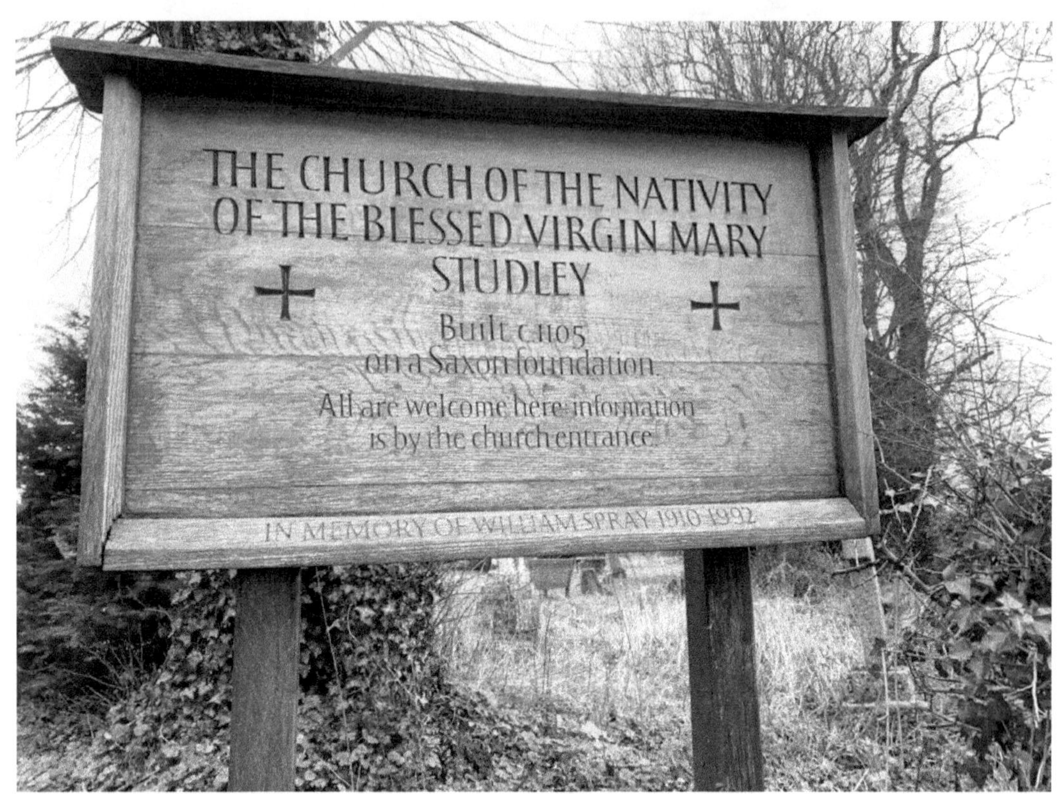


*Diritto d'autore dell'autore*

Purtroppo il promemoria della morte è proprio dietro l'angolo da qualsiasi luogo!

FINE

<u>O è?</u>

<u>**MENTRE IL TERRORE**</u>

<u>**CONTINUA INARRESTABILE IN TUTTO IL MONDO!**</u>

<u>**CHE PECCATO**</u>

<u>**IL MONDO CONTIENE TANTI, TANTI UOMINI MALVAGI!**</u>